DIREITO CIVIL

DIREITO DAS COISAS

Direito Civil

Direito das Coisas

Roberto Kaisserlian Marmo

Advogado, graduado pela Pontifícia Universidade Católica de São Paulo.
Especialista nas áreas civil e comercial,
com larga atuação nos tribunais brasileiros.
Na área acadêmica, foi professor universitário das cadeiras de
Direito Administrativo e Constitucional nas
Faculdades de Direito e de Administração de Empresas
da Fundação Karnig Bazarian.
É também graduado em contabilidade,
atuando como consultor empresarial.

editora HARBRA

Supervisão Editorial: Maria Pia Castiglia
Revisão de Texto: Maria Lúcia G. Leite Rosa
Revisão de Provas: Grasiele Lacerda Favatto
Editoração Eletrônica: Mônica Roberta Suguiyama
Capa: Fernando Mendes
Impressão e Acabamento: RR Donnelley

Direito Civil – Direito das Coisas

Rua Joaquim Távora, 629 e 779
04015-001 São Paulo – SP
Promoção: (011) 5084-2482 e 5571-1122. Fax: (011) 5575-6876
Vendas: (011) 5084-2403, 5549-2244 e 5571-0276. Fax: (011) 5571-9777

ISBN 85-294-0263-4

Impresso no Brasil *Printed in Brazil*

Dedico a presente obra ao meu saudoso e sempre presente
pai, Christovão, à minha mãe, Regina,
à virtuosa, amada, amiga e leal esposa Olga
e aos amados e brilhantes filhos, Roberto, Patrícia e Felício,
fontes inspiradoras de minha existência e da mais ampla e profunda
motivação e alento à minha vida.

Conteúdo

Apresentação

Apresentamos, neste volume, comentários ao Código Civil de 2002, com análise precisa dos artigos 1.196 a 1.510.

O autor realizou um trabalho no qual conseguiu fundir dois aspectos muitas vezes antagônicos: a profundidade do estudo e a simplicidade objetiva da linguagem. Com isso, temos um trabalho excepcionalmente útil ao estudante que necessita familiarizar-se com o novo Código Civil, e também ao advogado que, no exercício de sua nobre profissão, deve aplicá-lo em nossos tribunais.

O leitor e estudioso verá que a vasta experiência prática do autor, além de seu conhecimento da vida legal, possibilitou a realização de um trabalho, traduzido nesta obra, que certamente acompanhará o estudante dos bancos escolares até o amanhã promissor de seu escritório de advocacia.

Institutos complexos como a posse, propriedade, direitos reais, servidões, usufruto, penhor, hipoteca – entre outros –, aliados ao conjunto de inéditas normas e princípios jurídicos que passam a reger as situações de direito, adquirem no texto que aqui apresentamos a simplicidade que facilita o estudo e, ao mesmo tempo, a análise profunda que assegura um conhecimento que leva a compreensão dos fenômenos jurídicos que estão ligados a vida em sociedade.

O direito, ao realizar-se, é levado a prática, deixando o campo das elaborações teóricas, sem dúvida úteis, para situar-se no dia-a-dia dos conflitos sociais que reclamam a presença do juiz aplicando a lei, resolvendo a lide e, assim, recompondo a estabilidade do grupo social.

Analisando artigo por artigo do novo Código Civil, e transcrevendo-os quando necessário, o autor, na verdade, oferece um verdadeiro manual para a atuação objetiva, sem cair no simplismo de uma "apostila", mas oferecendo uma obra de análise mais profunda, de fácil leitura e nítida compreensão.

Estamos certos de que este livro acompanhará nosso estudante de direito por muito tempo, como instrumento indispensável na vida acadêmica e excepcionalmente útil no exercício da advocacia que exige, cada vez mais, vinculação séria e objetiva com a trepidante sociedade moderna.

Que este livro seja, para os operadores do direito – estudantes e advogados – um companheiro permanente, é o nosso desejo e foi o objetivo, tanto do autor, como do editor.

Os editores

Prefácio

Com muita satisfação, apresento a todos os manejadores do Direito o presente livro, que tem por objetivo dar a minha contribuição no estudo do mais amplo instrumento legado do Direito Privado, fonte originária da consciência, do crescimento e do desenvolvimento do cidadão comum.

Trata-se de uma obra técnica, com ênfase em cada uma das novas disposições legais vigentes, destinada a permitir aos leitores o conhecimento sobre o novo Código Civil brasileiro (Livro III – Do Direito das Coisas), e direcionada aos estudantes, professores de Direito, a todas as pessoas que integram essa nobre carreira profissional e aos demais operadores do Direito.

Tal obra foi concebida com a mesma preocupação e dedicação de quem deseja plantar sadia e frondosa árvore.

Assim, munido de raízes fortes e profundas, seivadas no melhor solo, fonte dos inspiradores e criadores do Direito Privado, utilizei-me das melhores sementes, tiradas das lições dos grandes mestres, de Clóvis Beviláqua a Miguel Reale, de Carvalho Santos a Washington de Barros Monteiro, de Pontes de Miranda a Orlando Gomes, de Carvalho de Mendonça a Caio Mário da Silva Pereira, de Bruno Afonso André a Yussef Said Cahali, de Arruda Alvim a Moreira Alvez, de Dirceu de Mello a Hermínio Alberto Marques Porto, de Luiz Seixas Teixeira de Carvalho a Américo Ruggiero, de Theotonio Negrão a Plínio Cabral, dentre tantos outros notáveis cientistas e aplicadores do direito aos fatos.

Para a garantia do vigoroso caule, das verdes folhas e das coloridas flores, procurei regá-lo com muito estudo, com substancial esforço e com a percepção dos avanços políticos, jurídicos e sociais, que nos traz a nova norma civil vigente.

E, para permitir a colheita dos sadios frutos, com a permanência da confortante e duradoura sombra, permeei a obra com toda a sorte de anotações, seja de cunho doutrinário, seja de alcance jurisprudencial, de forma a detalhar e comentar todos os artigos pertinentes às novas normas civis vigentes, cotejando-as com as demais leis especiais, em vigor.

Nesta oportunidade tão importante de modificação da mais ampla codificação jurídica do país, no superior interesse, das pessoas e das coisas, agradeço muito a oportunidade de poder deixar aos alunos, aos professores, aos advogados, aos promotores, aos magistrados e a todos os demais operadores do Direito, tal contribuição.

Ao concluir a presente nota, imperioso é agradecer os meus estimados avós, os professores Agop Kaisserlian e Felício Marmo, berços inspiradores da educação e do trabalho, como também aos meus dedicados mestres, aos meus queridos alunos, aos colegas de ofício da advocacia e do magistério, notadamente as doutoras Maria Cecília Garreta Prats Caniato e Maria Luiza de Freitas Valle Egea.

Também relevante é agradecer a todos os meus demais familiares, irmãos, cunhados e sobrinhos e aos meus queridos amigos de infância, da universidade e dos dias de hoje.

Ademais, cumpre-me agradecer aos meus estimados clientes e a todos os meus leais colaboradores, funcionários ou não, que muito me auxiliaram e que continuam a me ajudar na contínua jornada da vida profissional.

Roberto Kaisserlian Marmo

1

Introdução ao Direito das Coisas

Em seu conceito mais adequado, direito das coisas é o conjunto de normas que regulam todas as relações jurídicas referentes aos bens que podem ser apropriados exclusivamente pela pessoa humana.

Tal modalidade corresponde à parte do direito civil que, não obstante a substancial evolução normativa que emana de nosso atual Código Civil, de sorte a amparar, sobremaneira, as relações do *ser* com as coisas, em detrimento de algumas relações do *ter* com as coisas, ainda guarda sintonia com a tradição do direito romano e os princípios individualistas que, ao longo da história da humanidade, sempre nortearam as relações jurídicas e sociais.

Convém deixar claro no início da presente obra que apenas interessam ao mundo jurídico, no que tange ao direito das coisas, os bens materiais que podem ser objeto de apropriação exclusiva pela pessoa – seja bens móveis, seja bens imóveis –, não comportando em tal ordenamento as coisas que são destinadas ao uso comum da humanidade, tais como o ar, a luz solar, as estrelas, os oceanos e as demais formas de energia, quer sejam perceptíveis, quer ainda invisíveis, também consideradas, contemporaneamente, como de utilização comum a toda pessoa humana.

Alguns autores defendem a tese de que bens imateriais devam também ser estudados no âmbito do direito das coisas, tal como os relevantes assuntos envolvendo propriedade artística, literária e científica, entendimento esse do qual nos afastamos.

Com efeito, toda normatização jurídica pertinente à propriedade imaterial, dita também intelectual, está disciplinada em lei especial vigente – Lei 9.610/1998 – portanto, fora do âmbito do Código Civil.

Assim, no que tange ao direito das coisas, no ambiente do Código Civil vigente, nos interessam, para o estudo da ciência jurídica, apenas os bens materiais e todos os seus desdobramentos.

Cumpre ressaltar, outrossim, que, em sua sistematização legal, até por absoluta obediência a todos os princípios norteadores do nosso direito, cuida o direito das coisas apenas os direitos reais, *jus in re* (direito sobre a coisa), que se opõem aos direitos pessoais, *jus ad rem* (direitos à coisa), ou seja, direito de exigir uma obrigação de pessoa determinada.

Assim, o direito real[1] é relação jurídica em virtude da qual a pessoa pode retirar da coisa de modo exclusivo e contra todos, as utilidades que ela é capaz de produzir. Por outro lado, o direito pessoal é a relação jurídica mercê da qual a uma pessoa (sujeito ativo) assiste o poder de exigir de outra pessoa (sujeito passivo) determinada prestação, positiva ou negativa.

---

[1] MONTEIRO, Washington de Barros. *Curso de direito civil* – Direito das coisas. 12. ed. São Paulo: Saraiva, 1973. p. 19.

2

Da Posse

Da Posse e sua Classificação

Em uma conceituação mais objetiva sobre o tema, que revela grande inspiração na sabedoria dos legisladores do passado, posse é o efetivo poder físico, fático e direto de uma pessoa (física ou jurídica), sobre um bem (móvel ou imóvel), como se fosse sua proprietária, dona, compreendendo nesse poder fático, o exercício, pleno ou não, de algum dos poderes inerentes à propriedade, tais como o uso, o gozo, a utilização de seus rendimentos e até a disponibilidade que tem o possuidor de dispor do bem, como se proprietário fosse.

Nesse sentido, em estrita conformidade com as lições do cientista jurídico Rudolf von Ihering, que define a posse na conceituação objetiva, esta funda-se numa situação de fato, em virtude da qual a pessoa tem em mãos a coisa ou a tem à sua disposição para que possa exercitar sobre ela os direitos que lhe competem, comportando-se como sua verdadeira titular.[2]

Neste particular, posse e propriedade trazem sentidos próprios, peculiares e inconfundíveis: posse é o poder de fato, e propriedade é o poder de direito.

Nosso legislador contemporâneo, adotando a teoria objetiva de Ihering, mantém esse conceito, de tal sorte que considera possuidor

> "*todo aquele que tem de fato o exercício, pleno ou não, de algum dos poderes inerentes à propriedade*",

como se vê do art. 1.196, sendo relevante considerar que ao exercer, de fato, quaisquer dos poderes do proprietário, considerar-se-á a pessoa possuidora desse bem.

Assim, a nossa Lei Civil contempla a posse em seu expresso sentido jurídico, pois o legislador a apresenta como a relação de fato entre a pessoa e a coisa, tendo em vista a utilização econômica desta, acrescendo considerar que é a mais simples exteriorização do direito de propriedade exatamente porque, mesmo sendo uma relação de fato, é a posse que confere à pessoa a possibilidade de exercer sobre a coisa material os atos de gozo, de uso ou de disposição, que lhe são atribuídos pelo direito de propriedade, ou domínio.

Tal exteriorização da pessoa, agindo como proprietário em relação à coisa, é a exata conduta do verdadeiro possuidor.

Ademais, pelo que se vê da norma legal constante do art. 1.197, a posse direta, de pessoa que tem a coisa em seu poder, temporariamente, seja em razão de um direito real ou mesmo de um direito pessoal, não anula a posse indireta daquele de quem aquela "foi havida", podendo o possuidor direto defender a sua posse contra o possuidor indireto.

Nesse sentido, para exemplificar, temos as relações jurídicas decorrentes de um contrato de compra e venda de bem móvel, com cláusula pertinente ao *constituto possessório,* que, mais adiante, veremos quando discorrermos sobre o art. 1.267 e seu parágrafo único.

---

[2] MENDONÇA, Manoel Ignacio Carvalho de. *Do conceito jurídico dos direitos reais*. [S.l: s.n., 19--].

Antes de passarmos à classificação da posse, imperioso é deixar claro que a detenção de que se cogita no art. 1.198, não é posse.

Com efeito, em relação à figura do mero detentor de direitos sobre a coisa, a legislação vigente assim considera toda a pessoa que, encontrando-se em relação de dependência para com o outro, conserva a posse em nome deste e em cumprimento de ordens ou instruções suas, ficando também expresso em seu parágrafo único que tal comportamento, até que se prove o contrário, opera em favor da pessoa a presunção de ser ela a detentora do bem.

Nesse sentido, o que ocorre na detenção da coisa é a existência de uma relação de autoridade e de subordinação entre a pessoa que tem a posse e aquela que apenas a detém, de tal sorte que o detentor, sempre subordinado, exerce o poder de fato sobre a coisa em razão do interesse do possuidor, cumprindo, assim, ordens e instruções deste. É o que se chama de "posse dos outros". Como exemplo, temos os mandatários e os empregados no exercício da posse em nome dos mandantes e dos patrões, donde se infere que a diferença vital entre o possuidor e o detentor está na relação de subordinação deste último em relação ao outro, relativamente à coisa.

O possuidor tem liberdade na utilização da coisa, e o faz em proveito econômico próprio, mesmo que a receba para, mais tarde, cumprir o dever de restituí-la. Já o detentor é a pessoa subordinada a terceiro, sem qualquer autoridade em relação à coisa, não a possuindo para si, mas sempre em nome e atendendo a ordens e instruções de terceiro.

Também importante é destacar que a própria disposição legal que vemos no art. 1.208, ao estabelecer que

"Não induzem posse os atos de mera permissão ou tolerância",

consagra que as pessoas que exercem, nessas condições e em nome de outrem, o poder de fato sobre a coisa, são meras detentoras, jamais possuidoras.

Antes de detalhar as suas distinções, cumpre destacar que o instituto jurídico da composse, também foi trazido pelo legislador contemporâneo ao disciplinar no art. 1.199 que

> *"Se duas ou mais pessoas possuírem coisa indivisa, poderá cada uma exercer sobre ela atos possessórios, contanto que não excluam os dos outros compossuidores".*

Os doutrinadores e a jurisprudência de nossos Tribunais vêm consagrando que para que as pessoas exerçam a posse sobre coisa comum, em condomínio, é necessário que cada uma delas tenha a posse exclusiva sobre determinada parte do imóvel.

A propósito, nos ensina Caio Mário da Silva Pereira[3] que a todos os compossuidores reconhece a lei iguais atributos, assegurando-lhes a utilização da coisa comum, contanto que não interfiram no exercício por parte dos outros, ou de qualquer deles, de iguais faculdades.

E prossegue, asseverando que nenhum dos compossuidores possui a coisa por inteiro (Lafayette), porém cada um tem-lhe a posse por fração ideal. Se, pois, um deles perturba o desenvolvimento da composse, poderá qualquer dos outros valer-se dos interditos, cujo alcance restringe-se à contenção do compossuidor no respeito à posse dos outros. Mas, *"se quaisquer deles entender que o comunheiro excedeu as forças de seu título, explorando simplesmente a coisa a maior, os remédios possessórios são inábeis para apurar a increpação, cabendo apenas aos interessados o recurso às vias ordinárias para ressarcimento do prejuízo"*.[4]

Por outro lado, iterativa jurisprudência acentua que contra o compossuidor não cabe ação possessória, salvo o caso de posse exclusiva de uma parte física da coisa, ou seja, somente ao condômino com posse certa e individuada assiste o direito de invocar os interditos possessórios para defender seus direitos perante os compossuidores.[5]

O legislador civil possibilita, assim, que cada pessoa possua uma parte abstrata da coisa comum, desde que a posse que exerça seja *pro diviso*, isto é, posse real e efetiva em determinada porção física do imóvel, e esteja localizada às claras.

---

[3] PEREIRA, Caio Mário da Silva. *Instituições de direito civil.* 4. ed. Rio de Janeiro: Forense, 2 v. 1980.

[4] *Ibid.*, p. 35.

[5] ALCKMIN, José Geraldo Rodrigues de. *Repertório de jurisprudência do Código Civil* – Direito das coisas. 2. ed. São Paulo: Max Limonad, 1954. Ementas 1.428, 1.434, 1.438, 1.440, 1.444, 1.448, 1.456, 1.457, 1.460, 1.464, entre outras.

As questões relevantes que se instalam na presente discussão são aquelas ligadas aos direitos que o possuidor comum tem contra os demais condôminos para a defesa de sua posse.

Com efeito, é absolutamente legítimo que, exercendo posse certa e individualizada no imóvel, pode o condômino invocar a proteção possessória contra os demais condôminos.

Assim, exercendo a posse *pro diviso* no local do litígio, devidamente atestada por testemunhas idôneas ou mesmo por laudo pericial técnico inconteste, o possuidor tem o direito de ser respeitado, via medida judicial possessória, na parte que ocupa, mesmo que contra outro condômino, não interessando, à vertente hipótese, as alegações de que um condômino teria se apossado de parte maior do que lhe permitia o título de propriedade, hipótese esta de discussão pertinente em ação divisória e, não, em medida possessória de proteção da posse, intentada por condômino ameaçado, turbado ou esbulhado em sua posse, contra outro condômino.

Tanto a doutrina como a jurisprudência são convergentes no sentido de que, ainda que no estado de comunhão, pode o condômino usar das medidas possessórias contra outrem, embora condômino, desde que tenha exclusiva posse *pro diviso*, vale dizer, posse efetiva e real sobre determinada fração ou porção física do imóvel e haja sido molestado pelo consócio em sua posse.

Na relação com terceiros, os condôminos (compossuidores) comportam-se como se fossem único sujeito, valendo destacar que cada um, individualmente, pode defender a posse do todo em relação a terceiros. Em relação a eles próprios, entre si, a todos os condôminos (compossuidores), é assegurada a utilização da coisa comum.

Cessa a composse entre os condôminos, pela divisão em partes certas do todo, ou pelo exercício da posse exclusiva por qualquer um deles, sem oposição dos demais condôminos, ou mesmo pela exclusão destes.

Na oportunidade em que discorrermos sobre aquisição e perda da posse e seus efeitos, voltaremos a enfocar alguns casos inerentes à sua aplicabilidade.

A posse comporta diversas espécies, exatamente porque em determinadas situações temos elementos relevantes que podem estar ou não presentes, gerando, assim, efeitos distintos. Daí, a importância de sua classificação.

Temos, portanto, a posse direta e a indireta, como se vê do art. 1.197, a posse justa e a injusta, normatizada no art. 1.200, e a posse de boa-fé e a de má-fé, dos arts. 1.201 e 1.202.

Posse direta é a utilização direta do possuidor sobre a coisa material. No momento em que existe a cessão desses poderes diretos sobre a coisa, a pessoa que a transfere, dita cedente, conserva e mantém o que se denomina de posse indireta sobre a coisa, sendo, assim, chamada de possuidor indireto, transferindo (cedendo), à pessoa a quem se cede (cessionária), a posse direta sobre a coisa, tendo esta a responsabilidade de restituí-la.

Na vertente hipótese, o cessionário passa a ser o possuidor direto sobre a coisa.

A posse direta e a posse indireta não se confundem no mundo das coisas, nem tampouco colidem, como também não se excluem no universo do direito. Têm conceito e disciplina próprios.

Entre os exemplos mais evidentes, temos os locatários em relação aos locadores e os comodatários em relação aos comodantes.

Os locatários e comodatários têm posse direta sobre a coisa porque a receberam temporariamente e em decorrência de uma relação jurídica contratual (contrato de locação ou de comodato), ou de natureza real, ou de natureza pessoal, conservando os locadores e os comodantes a posse indireta sobre a coisa até o momento em que aqueles vierem a receber, de volta, a posse direta sobre a coisa locada ou dada em comodato.

Temos a posse justa, quando não estão presentes no poder de fato sobre a coisa quaisquer dos vícios da violência, resultantes de atos de força ou mediante ameaça, da clandestinidade, do uso de expedientes escusos, com os ingredientes da omissão, ou mesmo da precariedade, do uso para restituí-la, com abuso de confiança, deixando de restituí-la; e temos a posse injusta quando presentes quaisquer dos vícios acima mencionados, que maculam o poder de fato sobre a coisa.

Alguns autores também denominam a posse justa de posse mansa, pacífica ou tranquila, exatamente porque não está permeada de violência, excetuando-se aqui os casos de resistência por parte da pessoa que tem legítima posse contra quem, mercê de turbação ou esbulho, tenta perturbá-la subtraí-la, valendo ressaltar que essas disposições terão substancial relevância quando estudarmos, mais adiante, o instituto da usucapião.

Imperioso é ressaltar que a posse pode ser adquirida de forma justa e tornar-se injusta, notadamente pela presença, superveniente, do vício da precariedade, vale dizer, no momento em que nasce, a posse pode ser justa, decorrendo de uma obrigação contratual da pessoa em restituí-la a outrem, sendo certo que, no ato em que o possuidor manifesta a recusa em devolvê-la, tal posse, que era justa, transforma-se em injusta.

Temos a posse de boa-fé, poder subjetivo sobre a coisa, no conceito que vemos no art. 1.201, inerente à pessoa que ignora os vícios porventura existentes, ou mesmo quaisquer obstáculos para a aquisição da coisa.

Assim, sempre será assegurado ao possuidor de boa-fé o direito, enquanto ela durar, ao recebimento dos frutos por ele percebidos, a teor do disposto no art. 1.214 – que mais adiante comentaremos –, onde se observam, outrossim, no parágrafo único, disciplinadas as hipóteses inerentes aos frutos ainda pendentes de realização ou mesmo colhidos por antecipação, além do que, também comentaremos a disciplina legal atinente aos frutos naturais, de que cogita o art. 1.215.

Ademais, o possuidor de boa-fé jamais responderá por perda ou deterioração da coisa a que não der causa, à luz do disposto no art. 1.217, a ser, mais adiante, comentado.

Por outro lado, na posse de má-fé, a pessoa conhece os óbices, estando plenamente consciente não só de sua existência, como também da ilegitimidade de seu direito.

Assim agindo, o possuidor sempre responderá por todos os frutos e rendimentos colhidos ou percebidos, consoante se vê contemplado no art. 1.216, além de ser responsável pela perda ou deterioração da coisa, a teor da regra constante no art. 1.218 – ambas disposições legais que serão, oportunamente, comentadas.

Cumpre lembrar que a posse de boa-fé pode também converter-se em posse de má-fé, como nos casos dos efeitos de uma citação judicial ou mesmo de uma notificação, em que a pessoa citada ou notificada acaba perdendo tal anterior condição de possuidora de boa-fé exatamente porque no momento em que é citada ou notificada, passa a ter o conhecimento, que antes não tinha, da ilegitimidade de seu direito.

Mais adiante, na oportunidade do estudo dos vários institutos ligados às formas de aquisição e perda da posse, bem assim quando analisarmos as diversas categorias de direitos reais sobre coisas alheias, voltaremos a detalhar outras relevantes hipóteses em que a posse pode transmudar-se.

Da Aquisição da Posse

Como já vimos anteriormente, é fundamental para o possuidor o exercício de quaisquer dos poderes inerentes à propriedade, sendo neste ponto relevante explicitar o momento inicial em que o possuidor passa a ter esse direito.

Nesse sentido, conforme norma expressa no art. 1.204, relevante é destacar que nascerá a posse em favor do possuidor no momento em que este tornar

> "*possível o exercício, em nome próprio, de qualquer dos poderes inerentes à propriedade*"

e, salvo prova em contrário, presumir-se-á mantida com o mesmo caráter com que foi adquirida.

Dessa forma, o legislador conceitua que a aquisição da posse se dá no ato em que a pessoa tornar possível exercer, em seu nome próprio, quaisquer dos poderes inerentes à propriedade, a teor do art. 1.204, vindo, a seguir, consoante reza o art. 1.205, disciplinar que

> "*a posse pode ser adquirida pela própria pessoa que a pretende ou por seu representante*",

conforme seu inciso I, ou

> "*por terceiro sem mandato, dependendo de ratificação*",

à luz do disposto no inciso II.

Para ficar claro e exemplificarmos a hipótese de forma mais simples, temos a considerar que uma pessoa, locatária na relação contratual, no momento em que ingressa fisicamente no imóvel locado, passa a adquirir a posse direta, física, sobre o bem alugado, mesmo que anteriormente o próprio contrato escrito de locação tenha lhe assegurado a transferência da posse direta sobre o imóvel locado.

Assim, enquanto a pessoa não entrar no imóvel alugado, não tem a posse direta sobre o bem, uma vez que o contrato escrito, por si só, não é instrumento hábil para considerar a pessoa locatária como possuidora direta sobre o bem locado.

No tocante às pessoas que podem adquirir a posse, o legislador, em primeiro lugar, mantém a pessoa que, em nome próprio, assim a adquire, para, ao depois, definir que a posse pode ser havida por representante ou por procurador, onde o *animus domini,* ânimo de proprietário, não é exercido pela pessoa representante ou procuradora, mas, sim em nome do mandante ou do representado.

Tomemos como exemplo a aquisição da posse por pessoa herdeira incapaz e já legalmente interditada, que passa, assim, a agir por meio de seu curador, além da hipótese legal de poder ser adquirida a posse por terceiro, sem mandato, como no caso do gestor de negócios.

Embora o novo Código Civil não trate expressamente da figura jurídica do *constituto possessório*, como cuidava o Código Civil de 1916, sobre tal instituto devem-se fazer algumas relevantes considerações, mesmo porque ainda aplicável.

É o *constituto possessório,* a figura jurídica pela qual o alienante de um bem, mediante expressa cláusula contratual, conserva a coisa em seu poder, sendo certo que o adquirente recebe o bem apenas por mera convenção contratual, sem que lhe seja transferida a posse física sobre o mesmo.

Na hipótese em causa, o alienante apenas deixa de possuir para si mesmo o bem, passando a possuí-lo em nome do adquirente, em decorrência de expressa cláusula existente na transferência.

O alienante, assim, passa a converter a sua posse em detenção sobre o bem alienado, em razão de expressa convenção contratual.

O exemplo mais presente no mundo jurídico é o do contrato de venda e compra de imóvel, com a expressa cláusula, dita *cláusula constituti,* na qual o alienante compromete-se a desocupar o imóvel em prazo determinado e nesse período exerce posse, porém em nome do adquirente.

Diremos com toda a certeza: trata-se de cláusula que não reconhece a detenção, mesmo porque não há relação de dependência entre o alienante e o adquirente; porém, em seu bojo fático, há a figura da detenção, disfarçada contratualmente, mercê da expressa convenção.

Assim, é o *constituto possessório* uma convenção entre as partes. Uma delas, o possuidor, transmite a posse da coisa à outra, o comprador, obrigando-se a geri-la, como mero detentor, em nome deste novo possuidor. A relação possessória continua e permanece a mesma, mas "rebaixada", na expressão de Tito Fulgêncio.[6]

Em excelente artigo,[7] Getúlio Targino Lima trata da matéria com clareza e objetividade, valendo transcrever parte das manifestações doutrinárias e jurisprudenciais lá colacionadas:

Com efeito, *"o alienante que se mantém na detenção da coisa, conserva a posse direta, embora perca a posse indireta, que é adquirida pelo novo proprietário"*, manifestação de Clóvis Beviláqua,[8] o qual assevera que *"o constituto possessório, que é meio de adquirir a posse para o* accipiens, *que se torna assim possuidor indireto do objeto da tradição, é, por sua vez, meio de extinguir a posse plena do* tradens, *reduzido à simples situação de possuidor direto"*.

Nesse sentido, vemos também que[9] o *constituto possessório* é o meio legal de aquisição e perda da posse, sendo sua finalidade transmitir, com dispensa do ato material da apreensão, a posse do vendedor ao comprador, caso em que o alienante perde a posse em favor do comprador que a adquire.

A conclusão, pois, a que se chega, em termos simples, a respeito do *constituto possessório*, materializado na respectiva cláusula, é a seguinte:

---

[6] FULGÊNCIO, Tito. *Da posse e das ações possessórias*. 5. ed. Rio de Janeiro: Forense, 1978.

[7] LIMA, Getúlio Targino. Constituto possessório e transferência da posse. *Revista de direito civil*. n. 4, p. 93-100.

[8] BEVILÁQUA, Clóvis. In: WALD, Arnoldo. *Curso de direito civil brasileiro* – Direito das coisas. 2. ed. São Paulo: Sugestões Literárias, 1970.

[9] ALCKMIN, José Geraldo Rodrigues de. *Repertório de jurisprudência do Código Civil* – Direito das coisas. 2. ed. São Paulo: Max Limonad, 1954. v. 1, p. 229.

a. se a *cláusula constituti*, que precisa, absolutamente, ser formal ou redigida com palavras sacramentais, é genérica, ou seja, declara ficar transferida ao alienatário a posse da coisa, não apresentando nenhuma razão para a permanência do alienante na ou com a coisa, ou se esta permanência se dá sem título jurídico que a legitime – decorre de simples permissão ou tolerância do comprador, por exemplo –, dá-se, imediatamente, a transferência da posse ao comprador, pela *cláusula constituti*, embora o poder de fato sobre o bem ainda esteja com o possuidor. A posse já é, por ficção de direito, do comprador;
b. se a *cláusula constituti,* porém, é especificadora, no sentido de que especifica o título jurídico pelo qual permanecerá o vendedor na posse da coisa – usufruto, locação, arrendamento –, neste caso, então, a posse subdividir-se-á, ficando o vendedor como possuidor direto da coisa e o comprador como possuidor indireto.

Não há dúvida, pois, de que em nosso direito a posse pode ser adquirida e perdida *pelo constituto possessório*, conquanto Lafayette o tenha definido[10] como simples convenção, sem necessidade de atos externos praticados sobre a coisa: o possuidor converte a sua posse em mera detenção, transferindo a posse ao adquirente.

Quem perdeu a posse para terceiro não pode transferi-la por qualquer forma ao comprador, pelo simples fato de não ter nada a transferir, em face da perda do poder fático sobre a coisa, devendo primeiramente recuperar tal posse pelo uso dos interditos e depois aliená-la por meio do *constituto possessório*.

Assim, na aquisição da posse originária, por ato *causa mortis* e também a título universal, o possuidor recebe a posse com as mesmas características, mesmas qualidades e mesmos defeitos, ocorrendo, assim, apenas a continuação da posse do antecessor para o sucessor, onde este substitui o lugar daquele, como se vê do disposto no art. 1.206.

Por outro lado, na aquisição derivada, seja por ato *inter vivos* – instrumento de cessão de direitos possessórios –, seja mesmo a título singular – transmissão da posse ao legatário, mediante testamen-

---

[10] PEREIRA, Lafayette Rodrigues. *Direito das coisas*. 3. ed. Rio de Janeiro: Freitas Bastos, 1956. p. 314, nota 108.

to –, o adquirente, também chamado de cessionário de direitos, recebe posse nova, podendo, a teor do art. 1.207, unir, somar, ou não, a sua posse adquirida àquela que recebeu de seu antecessor.

O próprio dispositivo legal em questão leciona que é faculdade do possuidor acrescer à sua posse o tempo de posse exercido por seu antecessor, como mais adiante veremos em relação aos efeitos do procedimento de usucapião.

No tocante à perda da posse, dispõe o art. 1.223 que tal circunstância passa a existir no momento em que o possuidor deixa de exercer, mesmo contra a sua vontade, o poder de fato sobre a coisa, como se proprietário dela fosse.

Ocorre, assim, a perda da posse quando faltar ao possuidor a presença de quaisquer dos elementos constitutivos da posse, seja o poder de fato sobre a coisa, seja o *animus domini.*

Nesse sentido, deve ficar claro que o possuidor, no momento em que deixar de exercer diretamente sobre a coisa alguns dos poderes inerentes à propriedade, se dirá que perdeu a posse.

Dos Efeitos da Posse

Não obstante haver divergências entre os autores quanto ao maior ou menor número dos efeitos da posse, o certo é que o principal e o mais relevante deles é a possibilidade jurídica da pessoa de se valer das ações possessórias – ditas interditos possessórios –, utilizando os remédios legais para o resguardo de sua posse, seja contra o esbulho, seja contra a turbação, ou mesmo contra os meros atos de molestação, com a prática de violência iminente, da parte de outrem.

Como é lapidar que para qualquer direito existe uma ação que o assegura, o Código Civil consagra no art. 1.210 que

> *"O possuidor tem direito a ser mantido na posse em caso de turbação, restituído no de esbulho, e segurado de violência iminente, se tiver justo receio de ser molestado".*

Em serenas palavras, deve ficar fixado que turbação, também vista como perturbação, é a presença de atos concretos e ameaçadores, praticados por uma pessoa contra a posse de outrem, que podem levar à presunção segura da ocorrência futura de se lhe apropriar da posse, sem, no entanto, haver a sua efetiva e real perda, traço este que define a distinção entre perturbar para tomar (ato de turbação) e definitivamente tomar (ato de esbulho).

A medida judicial contra a turbação tem caráter absolutamente defensivo, vale dizer, objetiva impedir que se perca a posse que ainda não ocorreu, fazendo cessar, outrossim, todos os atos de turbação, restabelecendo a plenitude dos direitos possessórios.

Em tal hipótese, a lei assegura ao possuidor ajuizar medida judicial de manutenção de posse contra o turbador, nos termos dos arts. 926 a 931 do Código de Processo Civil brasileiro, onde devem estar presentes, entre outros, os pressupostos para o desenvolvimento válido e regular do processo, as condições da ação, dentre as quais a possibilidade jurídica do pedido, o interesse processual e a legitimidade das partes, bem como os demais requisitos procedimentais constantes da Lei Processual Adjetiva.

Por outro lado, imperioso é deixar claro que esbulho, também visto como tirar de alguém, é a presença de atos concretos, praticados por uma pessoa contra a posse de outrem, que resultam na efetiva tomada da posse, objetivando restaurar, em favor do desapossado, a situação anterior que este tinha em relação à posse.

Assim, a lei também assegura ao possuidor, nesta hipótese de perda da posse, ajuizar medida judicial de reintegração de posse contra o esbulhador, para que se opere em favor daquele a restituição da posse perdida, nos termos dos arts. 926 a 931 do Código de Processo Civil brasileiro, e na qual também devem estar presentes, igualmente, os pressupostos para o desenvolvimento válido e regular do processo, as condições da ação, dentre as quais a possibilidade jurídica do pedido, o interesse processual e a legitimidade das partes, bem como os demais requisitos dispostos na Lei Processual Adjetiva.

Ademais, também é importante ficar sedimentado que para a derradeira hipótese de defesa contra iminente violência, para afastar o justo receio de continuar a ser molestado, o possuidor direto ou indireto poderá impetrar ao juiz que o segure, mediante mandado proibitório, em que se cominará ao réu determinada pena pecuniária, caso transgrida o preceito.

Para a vertente hipótese, a lei também assegura ao possuidor ajuizar medida judicial de interdito proibitório, contra o molestador, para que se opere em favor daquele a cessação dos atos, nos termos dos arts. 932 e 933 do Código de Processo Civil brasileiro, e no qual também devem estar presentes os pressupostos para o desenvolvimento válido e regular do processo, as condições da ação – entre as quais a possibilidade jurídica do pedido, o interesse processual e a legitimidade das partes – bem como os demais requisitos dispostos no Código de Processo Civil.

Dentre os demais efeitos, com os quais a posse pode ser exigida como requisito essencial ou mesmo como condição ou qualificação especial, temos:

a. a usucapião, forma originária de adquirir a propriedade, normatizada nos arts. 1.238 a 1.244, que, mais adiante, analisaremos de forma ampla;
b. a presunção de propriedade, que se opera sempre em favor de quem tem a posse, até que se prove o contrário, a teor do art. 1.231;
c. a possibilidade do possuidor receber os frutos produzidos, normatizada nos arts. 1.214 a 1.216 e no art. 1.232;
d. a incidência de responsabilidade pela perda ou deterioração da coisa em mãos do possuidor, disposta nos arts. 1.217 e 1.218, onde se vê claramente que o possuidor de boa-fé somente responde se agiu com culpa ou com dolo e que o possuidor de má-fé responde inteiramente, independentemente de sua ação culposa ou dolosa e também nas hipóteses de caso fortuito ou de força maior;
e. o pagamento de indenização por benfeitorias realizadas no imóvel pelo possuidor, disciplinado nos arts. 1.219 a 1.222, sejam as necessárias, para evitar deterioração do imóvel ou propiciar sua exploração, sejam as úteis, a fim de melhorar a utilização do imóvel, sejam as voluptuárias, para embelezar o imóvel, cabendo tal indenização sempre em favor do possuidor de boa-fé, mas somente em relação às benfeitorias necessárias ou úteis. Ao possuidor de má-fé caberá in-

denização somente em relação às benfeitorias necessárias, cogitadas no art. 1.220, devendo haver compensação do valor das benfeitorias com os danos causados pelo possuidor de má-fé;

f. direito de retenção da posse até o ressarcimento pelas benfeitorias realizadas no imóvel.

Tal possibilidade de manter a posse até o recebimento de seu eventual crédito, e somente pela realização de benfeitorias necessárias ou úteis, tem-na apenas o possuidor de boa-fé, consoante consagrado na lei civil nos arts. 1.219 e 1.220, jamais havendo o reconhecimento desse direito de retenção ao possuidor de má-fé.

Com relação a esse efeito da posse, poder-se-á questionar se é um direito real ou um direito pessoal.

Não obstante estarem presentes alguns dos requisitos inerentes à natureza jurídica real da retenção, intrinsecamente ligada à origem da pretensão – enquanto não se pagar, não se deve devolver a posse, retendo-a em mãos do credor –, entendemos que a natureza jurídica do pedido de retenção em causa corresponde a um direito pessoal e não real, a ser intentado pelo pretenso credor contra o pretenso devedor;

g. os remédios legais para a defesa da posse, já vistos e comentados ao estudarmos o art. 1.210, com suas demais peculiaridades e em relação às medidas procedimentais cabíveis e capituladas no Código de Processo Civil vigente;

h. a medida legal de proteção da posse, incidente na hipótese em que mais de uma pessoa se disser possuidora, devendo ser mantida na posse aquela que efetivamente tiver a coisa, sempre provando tê-la obtido sem quaisquer vícios, à luz da norma contida no art. 1.211;

i. a medida possessória ou mesmo indenizatória contra terceiro que recebeu a coisa, já ciente de que o bem era fruto de esbulho, indevida apropriação possessória, efeito decorrente do art. 1.212.

Cabe aqui discorrer um pouco mais sobre as medidas de defesa da posse, ditas como medidas de proteção possessória.

Em princípio, tais remédios legais não podem atingir direitos pessoais, mesmo porque não se concebe, no âmbito dos direitos reais, a existência de poder de fato sobre idéias ou mesmo sobre coisas abstratas, além do que existem na legislação brasileira medidas próprias, específicas, para os casos de ofensa a direitos pessoais, que não as ações possessórias.

Entretanto, a matéria não é pacífica em nossos tribunais, existindo julgados que contemplam medidas de proteção possessória – os interditos proibitórios –, para a proteção da propriedade intelectual, científica ou literária, atinentes à ofensa aos direitos autorais e para a proteção da propriedade industrial, quando há ofensa ao direito marcário, pertinente a marcas e patentes.

Nesse sentido, o que deve ser considerado relevante, em primeiro lugar, é a natureza jurídica dos aludidos institutos – a propriedade intelectual, científica ou literária –, reconhecidos como imateriais, e considerados na Lei especial 9.610/1998, ou seja, fora do âmbito do Código Civil brasileiro, como direitos pessoais sobre bens móveis, para, em segundo lugar, e, em razão dessa natureza jurídica, utilizar das medidas legais tendentes à sua proteção, que deverão sempre corresponder às ações de natureza pessoal.

Por outro lado, cabe aqui deixar assentado que há cabimento de medida de proteção possessória relativa a bem móvel, prevalecendo atualmente o entendimento de que seu rito é o especial, o mesmo das demais ações possessórias, valendo acrescentar que, tendo em vista valores de alçada, podem tais medidas seguir as regras dos Juizados Especiais, o que nos leva ao estudo da Lei 9.099/1995.

Ademais, também hoje já se reconhecem no âmbito de nossos tribunais, mercê da utilização dos referidos interditos, as medidas de proteção possessória sobre linhas telefônicas, como também se admitem procedimentos de usucapião para a aquisição das mesmas.

Com relação às servidões não aparentes, a teor das disposições objeto do art. 1.213, não se aplicam aos pertinentes artigos antecedentes, aqui comentados.

Com efeito, sabemos que servidão é a imposição de um ônus real de um prédio a favor de outro, em benefício de uma outra propriedade particular, restringindo a liberdade da coisa, impondo-lhe, assim, uma obrigação negativa, não só de não suportar a outra, mas, também, de não se obrigar a fazer por outra, não devendo ser aqui confundida com as restrições atinentes ao direito de vizinhança, que também veremos e comentaremos mais adiante, e as quais resultam em instituto que objetiva solucionar apenas conflitos entre vizinhos.

Assim, por constituírem-se em restrições imperceptíveis à vista humana, não há como, sobre as servidões não aparentes, poder gerar quaisquer dos já vistos e comentados efeitos da posse, porquanto não se pode, nessa modalidade de servidão, fisicamente definir quaisquer dos efeitos da posse, e não se podem extrair de restrição invisível efeitos de direito real que, por natureza, deve ser perceptível.

Neste particular, temos a considerar, outrossim, que o legislador civil reservou, para as servidões, Título, com Capítulos próprios, normas estas objeto dos arts. 1.378 a 1.389, que mais adiante veremos e comentaremos.

Da Perda da Posse

Há a perda da posse no exato momento em que o possuidor deixa de se comportar, perante a coisa, com quaisquer daqueles poderes inerentes à propriedade, mesmo que assim passe a agir contra a sua vontade, nos termos da norma contida no art. 1.223.

Na prática, cessará a posse quando a pessoa, seja por perder o poder de fato sobre o bem, seja por deixar de ter, sobre o bem, *o animus* de proprietário.

Enfim, perdendo o *corpus* ou mesmo ausente o *animus,* não há mais posse de pessoa sobre a coisa. É o caso do abandono, da tradição ou mesmo destruição da coisa.

Nosso legislador edita no art. 1.224, que só se considera perdida a posse para quem não presenciou o esbulho, na oportunidade em que, tendo notícia dele, se abstém de retomar a coisa ou mesmo tentando recuperá-la é violentamente repelido, disposição legal que vem apenas repetir o que o Código Civil de 1916 expressa em seu art. 522, onde apenas substituiu-se a palavra *ausente* no texto anterior pelas palavras *quem não presenciou*, e a denominação *ocupação* na lei civil anterior foi alterada para *esbulho* na lei civil atual.

3

Dos Direitos Reais

Já vimos até aqui o conceito de direitos reais e a sua básica distinção dos direitos pessoais, obrigacionais.

Passaremos, agora, às gerais disposições sobre o tema relativo aos direitos reais, que o legislador civil brasileiro integrou, em único Capítulo, conforme vemos nos arts. 1.225 a 1.227, para, logo adiante, discorrermos sobre cada um dos institutos que o compõem.

Disposições Gerais

Consagra o legislador civil que são direitos reais a propriedade, a superfície, as servidões, o usufruto, o uso, a habitação, o direito do promitente comprador, o penhor, a hipoteca e a anticrese, a teor dos incisos I a X do art. 1.225.

A lei deixa também expressa a forma de aquisição, por atos *inter vivos*, dos direitos reais sobre bens móveis, norma do art. 1.226 e sobre os bens imóveis e direitos a eles relativos, disposição do art. 1.127, havidos também por atos *inter vivos*.

Assim, temos, de maneira clara e objetiva, resultante da norma do art. 1.226, que a aquisição de bens móveis ou mesmo de direitos reais sobre as coisas móveis, se consolida e se prova apenas e tão somente com a tradição, seja com a permanência (atos constituídos), seja com a entrega ou a transferência de uma pessoa para outra (atos transmitidos).

Por outro lado, temos também de forma objetiva e cristalina, decorrente do art. 1.227, que a aquisição de bens imóveis ou de direitos a eles relativos se consolida e se prova apenas com o registro, no Cartório de Registro de Imóveis, dos referidos títulos, salvo os casos expressos no Código Civil, o que também será objeto de comentários sobre os arts. 1.245 a 1.247.

Deixaremos aqui exemplos singulares pertinentes à aquisição dos bens móveis, seja relativamente à permanência (ato constitutivo), seja em relação à entrega (ato de transferência), da coisa móvel.

É a hipótese referente ao legal reconhecimento de que uma pessoa, enquanto na posse de um micro-computador, é considerada, para todos os fins e efeitos de direito, sua única e legítima proprietária, até que outro prove o contrário.

A partir do momento em que entrega a outra pessoa a posse do mesmo aludido equipamento – ato de transferência –, sem qualquer oposição ou ressalva, passará a ser considerada esta outra pessoa, também para todos os fins e efeitos de direito, a proprietária legítima do bem móvel em questão, também até que se prove o contrário.

No que concerne aos direitos reais sobre bens imóveis ou direitos a eles relativos, não basta a pessoa ter a posse legítima da coisa imóvel, como também não basta possuir o legítimo título aquisitivo sobre o bem – o contrato escrito particular ou mesmo a escritura pública –, mas necessário se faz que este instrumento tenha sido registrado no Cartório do Registro de Imóveis competente.

Comentaremos, mais à frente, diversos casos, com diferentes nuanças, que vêm consagrar essa obrigatoriedade do registro, a dar eficaz força probatória ao proprietário de bem imóvel ou de direitos a ele relativos.

4

Da Propriedade

Da Propriedade em Geral

Disposições Preliminares

Desde as civilizações mais antigas, o instituto da propriedade está presente em todos os textos de natureza política, social e econômica dos povos de nosso planeta, como também sempre figurou e até hoje se mantém nas cartas constitucionais das nações, seja de sistema político ditatorial, seja de regime democrático.

Por isso, toda a estrutura jurídica do instituto da propriedade tem estrita ligação com o sistema político, social e econômico de uma nação, exatamente porque as normas constitucionais originárias, que formam o arcabouço normativo regulador de uma sociedade organizada, peça política e não técnica, é que acabam definindo, norteando e determinando à sociedade constituída, os princípios e todas as demais leis derivadas, atinentes a esse instituto, que se revela, por si só, o direito real por excelência.

Assim, fica fácil compreender que a cada mudança no sistema político e social de um país, tal instituto sofre significativas alterações.

A partir do fim da Segunda Guerra Mundial, o instituto da propriedade tem variado de acordo com o regime político-econômino, notadamente porque o mundo passou a conviver, dominantemente, com a distinção apenas entre as sociedades capitalistas e as sociedades socialistas.

Nos regimes socialistas, os bens de produção encontram-se concentrados em poder do Estado, enquanto que nos regimes capitalistas acham-se em mãos das pessoas privadas, físicas ou jurídicas.

Relevante aqui consignar a preocupação de Sir Winston Churchill, ao final da Segunda Guerra Mundial, quando asseverava: *"se quisermos ser capitalistas, temos que estar preparados para, eventualmente, distribuir desigualmente a riqueza e se quisermos ser socialistas, temos que estar preparados para, eventualmente, distribuir igualmente a miséria"* parte final de seu histórico discurso em solenidade comemorativa do final da guerra.

Já se revelava, sob essa antevisão do notável estadista, um regime político, social e econômico, de cunho heterogêneo, porquanto não se poderia mais conceber incentivar políticas que, sem observância do mercado, viessem a causar, ao longo do tempo, a divisão desigual da riqueza, e tampouco promover políticas que, sem planejamento, resultassem, também com o tempo, na distribuição igual da miséria.

Com efeito, nos dias de hoje nenhum dos dois sistemas conseguiu se manter homogêneo, até porque visualizamos em seus ordenamentos legais diversas contradições, com a existência de leis concessivas ou permissivas que desnaturam a própria essência do sistema, donde vemos sociedades sob regime socialista reconhecendo a propriedade privada nos bens de produção e outras sociedades, ditas capitalistas, restringindo e até mesmo tutelando a propriedade privada, em função da comunidade.

Continuamos, até hoje, a discutir até que ponto a propriedade privada, individual, pode ser restringida em favor da coletividade. É a chamada normatização, com efetivo reconhecimento da função social da propriedade privada, por força da qual o interesse individual deve ser sacrificado em benefício da sociedade, sob pena de não mais conseguirmos meios para alcançar o desenvolvimento social e econômico.

Temos plena convicção de que, pelos menos nos últimos trinta anos, vem nascendo uma nova civilização e que, em decorrência desses novos pensamentos, está surgindo, em diversos países, notadamente no mundo ocidental – ainda que a passos lentos, porém seguros e constantes –, um novo sistema político, social e econômico, de natureza híbrida, com relevância, predomínio e preocupação social, dominantemente para o coletivo, para a comunidade, em detrimento do interesse particular.

Com efeito, a nossa Constituição Federal, não obstante manter o reconhecimento da propriedade privada, sujeita-a a uma função social – incisos XXII e XXIII do art. 5º e os arts. 182, 184 e 186.

E o nosso Código Civil, inspirado pelo princípio da socialidade, realça a função social da propriedade, além do que, em diversos dispositivos legais, estimula a ação social em detrimento da individual, penaliza o mau comportamento do proprietário privado, sanciona, em muitas hipóteses, em favor do *ser* (social), em detrimento do *ter* (individual), os direitos reais inerentes à propriedade, o que gerará, para os estudantes e para todos os profissionais, pensadores e operadores, na área jurídica e social do direito nesse início de século e milênio, muitas dúvidas, controvérsias e polêmicas, sobre as quais o Judiciário deverá muito se inspirar para bem decidir.

Passando ao atual conceito propriamente dito, temos que propriedade é a condição em que se encontra um bem, móvel ou imóvel, material ou imaterial, que pertence, em caráter próprio e exclusivo, a determinada pessoa, física ou jurídica.

Daí, deflui-se que todos os bens são passíveis de apropriação pela pessoa, havendo controvérsias sobre a possibilidade de existir propriedade sobre bens imateriais e direitos.

Nesse sentido, devemos deixar assentado que a propriedade mencionada no art. 5º da Constituição Federal compreende todos os bens, enquanto a propriedade disciplinada no Código Civil restringe-se apenas às coisas materiais e a lei especial – Lei 9.610/1998 – que disciplina a propriedade científica, literária ou artística, dispõe a respeito da propriedade sobre bens imateriais, dito incorpóreos, classificados, nessa lei especial, como bens móveis.

Sobre o conceito de propriedade, temos definido no art. 1.228 que ao proprietário cabe, em sua essência, o absoluto exercício de todos os seus atributos, quais sejam, o direito de usar (*ius utendi*), de gozar (*ius fruendi*), de dispor (*ius abutendi*) e o de reaver (*rei vindicatio*) a coisa de quem lha tenha injustamente tomado.

Em seu § 1º, consagra-se que

> *"O direito de propriedade deve ser exercido em consonância com as suas finalidades econômicas e sociais e de modo que sejam preservados, de conformidade com o estabelecido em lei especial, a flora, a fauna, as belezas naturais, o equilíbrio ecológico e o patrimônio histórico e artístico, bem como evitada a poluição do ar e das águas".*

E, em seu § 2º, consolida-se a proibição do abuso do direito de propriedade, ao ser vedada a prática de quaisquer atos que

> *"não trazem ao proprietário qualquer comodidade, ou utilidade, e sejam animados pela intenção de prejudicar outrem".*

É o expresso reconhecimento da presença da função social da propriedade, limitando o particular, no livre e pleno exercício desse direito.

A função social a que se destina a propriedade foi inserida num conceito muito amplo, conforme já mencionadas garantias constitucionais que resultam do art. 5º da Constituição Federal, pelas quais se determinou que a propriedade atenderá a sua função social, nos termos de seu inciso XXIII.

Temos para nós que função é sinônimo de atividade, concreta e dinâmica, de se realizar determinadas coisas, seja em relação aos direitos, seja em relação às obrigações.

Assim, o caráter social da atividade, atribuída pelo legislador – seja o constitucional, seja o civil –, para condicionar o exercício, livre e pleno, do direito de propriedade – quando houver também a necessidade do atendimento da função social a que se destina –, passa a constituir um novo e revolucionário princípio de ordem pública de direito, que deverá ser complementado e interpretado pela doutrina e pela jurisprudência de nossos Tribunais.

Assim, ao dispor o legislador que a propriedade deve ser regulada não apenas pelas atividades de interesse próprio de seu proprietário, mas, também, em razão de sua utilidade social, passa a privar o proprietário de determinadas faculdades, cria novas condições para que o mesmo possa exercer seus poderes, como também impõe determinadas obrigações ao exercício do domínio sobre a coisa, como veremos agora nos comentários aos §§ 3º, 4º e 5º, do art. 1.228.

Com efeito, temos a legal perda do imóvel por desapropriação, objeto do § 3º, desde que mediante justa e prévia indenização, paga em dinheiro, nos termos do que já dispõe o art. 5º, inciso XXIV, da Constituição Federal.

Ademais, temos a consagrada perda da propriedade mediante a inédita criação legislativa, que podemos chamar de desapropriação ou expropriação judicial, objeto do § 4º, com substancial alcance jurídico, norma esta inspirada no mais amplo sentido social da propriedade e que passa a disciplinar regras que permitam a reivindicação da propriedade em favor de quem a esta passou a dar função social, transferindo, assim, a propriedade para as mãos de pessoas que mantêm sobre a coisa uma relação jurídica de posse com trabalho, como assim a denomina o ilustre Prof. Miguel Reale.

A norma civil também exige, para a hipótese de que se cogita, consoante normatizada em seu § 4º, a coexistência da posse de boa-fé e ininterrupta, por mais de cinco anos.

Ademais, cabe também aqui deixar assentado que, conforme as disposições transitórias objeto dos arts. 2.028 a 2.035 do Código Civil brasileiro, ao prazo de cinco anos acima referido, deverão se acrescer mais dois anos, conforme estabelecido no art. 2.030.

Tal nova forma de reivindicação da propriedade, mediante desapropriação judicial, atribui ao juiz, a requerimento das pessoas que exercem efetivamente dita posse com trabalho, conceder-lhes o domínio e, ao mesmo tempo, fixar a justa indenização a ser paga ao proprietário, valendo a sentença judicial como título aquisitivo em favor dos possuidores, que, assim, passam a ser os novos proprietários, devendo a decisão em questão ser registrada no Registro de Imóveis competente, a teor do § 5º do art. 1.228.

Convém aqui deixar consignado que o proprietário desapossado, em virtude de tal posse com trabalho, nas condições do § 4º do art. 1.228, poderá propor ação de desapropriação indireta, com pretensão exclusivamente indenizatória, fundada no direito de propriedade, *rei vindicatio,* que se resolverá em perdas e danos.

No momento em que passamos a analisar as responsabilidades indenizatórias, exclusivas, do Poder Público, que, à luz de lei especial, pode desapropriar terras, por interesse social, para fins de promover a reforma agrária, poderemos indagar se tal dever do Estado poderá ou não se estender aos casos da desapropriação judicial a que aludem os §§ 4º e 5º do art. 1.228 do Código Civil, mesmo porque a natureza jurídica desse novo instituto gerador da propriedade – posse com trabalho –, tem inteira correspondência com os princípios que ditam as regras da promoção, pelo Estado, da reforma agrária, cujo poder e dever de desapropriar e indenizar são exclusivos.

Entretanto, todos os demais efeitos de direito decorrentes na nova norma civil criada, cotizados com os demais, também de ordem pública, dependerão de interpretação da doutrina e, principalmente, da orientação jurisprudencial.

Ademais, vemos na lei outras restrições ao exercício do direito de propriedade, tais como alguns institutos pertinentes à doação e ao direito de vizinhança, como também diversas limitações administrativas, resultantes da legislação que restringe a propriedade acima de cota reservada à preservação de parques estaduais, limitações para utilização de imóveis rurais, decorrentes da impossibilidade do imóvel ser subdividido em frações, limitadas a número mínimos de módulos, além de outras limitações que podem ser ajustadas, sob imposição da própria pessoa, tais como a instituição de usufruto vitalício, cláusulas contratuais de inalienabilidade, impenhorabilidade e incomunicabilidade.

Por outro lado, o direito de propriedade pode se estender ao subsolo e ao espaço aéreo, até o alcance de seu legítimo interesse, como edita o art. 1.229, inteiramente relacionado com a lícita utilidade da propriedade, acima ou abaixo do solo.

Com efeito, no tocante ao espaço aéreo, pode o proprietário, por exemplo, impedir construção lindeira e vizinha que lhe cause perda, parcial ou total, de luminosidade, de ventilação e de privacidade, mas não pode impedir que sobre sua propriedade passem aviões acima do limite legalmente permitido.

No que tange à propriedade do subsolo, a norma constitucional que se vê dos arts. 176 e 177 da Constituição Federal, a legislação especial de minas e o art. 1.230 confirmam que jazidas e demais recursos minerais pertencem à União, que, mediante concessão, cede o direito de lavra, onde o proprietário do solo terá apenas participação no resultado da pertinente exploração.

A regra contida no art. 1.230 contempla, outrossim, que monumentos arqueológicos, potenciais de energia elétrica e demais bens referidos em leis especiais não pertencem ao proprietário do solo.

No que se refere ao art. 1.231, temos a expressa manifestação legislativa – como no Código de 1916, que, em seu art. 527, também assim consagrava –, de que se presume, de forma exclusiva e plena, a propriedade, que sempre se operará em favor daquele que, por quaisquer meios de direito, a prove, cabendo sempre a outrem a prova em contrário.

E o dispositivo objeto do art. 1.232 consagra que

> *"Os frutos e mais produtos da coisa pertencem, ainda quando separados, ao seu proprietário, salvo se, por preceito jurídico especial, couberem a outrem".*

Da Descoberta

O instituto da descoberta, no sentido restrito que também denominamos de *achar, encontrar, descobrir*, capitulado nos arts. 1.233 a 1.237, tem diversas peculiaridades em relação à sua correspondência legislativa anterior contida no art. 603 do Código de 1916, a começar por sua atual denominação, anteriormente disposta como *invenção*.

Com efeito, quem encontrar coisa alheia perdida, deve procurar o seu dono ou seu possuidor, para restituí-la, à luz do art. 1.233.

O descobridor terá direito à restituição das despesas por ele realizadas, seja na procura do dono, seja atinentes à conservação da coisa e demais efetivamente realizadas, bem como receberá uma recompensa não inferior a cinco por cento sobre o valor do bem, resultante da norma do art. 1.234 e seu parágrafo único.

Na esteira do art. 1.235, se agir com dolo, responderá o descobridor perante o proprietário ou perante o legítimo possuidor, pelos prejuízos causados.

Se a pessoa não conhecer o dono ou possuidor, ou mesmo na hipótese de não encontrá-lo, deve procurar autoridade local, a quem incumbe encontrar o proprietário, conforme norma contida em seu parágrafo único, seja pela imprensa, seja por outros meios de comunicação, expedindo os competentes editais, mas somente se o valor da coisa perdida assim o comportar, nos termos do art. 1.236.

A própria lei fixa o prazo de sessenta dias, contados da divulgação da notícia, pela imprensa, ou do edital, para que o proprietário se apresente, findo o qual o bem será vendido em hasta pública.

O legislador também deixa expresso no art. 1.237 que a importância apurada na venda do bem leiloado, deduzidas as despesas, paga a recompensa do descobridor, será destinada à Municipalidade em cuja circunscrição se achou a coisa, ou, apurado diminuto valor, poderá o Município abandonar a coisa em favor do próprio descobridor, à luz do disposto em seu parágrafo único.

DA AQUISIÇÃO DA PROPRIEDADE IMÓVEL

DA USUCAPIÃO

Para a aquisição da propriedade imóvel, não basta a simples manifestação de vontades entre o adquirente e o transmitente, manifestação expressa em instrumento de compra e venda, de sorte a transferir àquele o domínio.

Esta transferência se opera, *inter vivos*, mediante o registro do título translativo no Registro de Imóveis, a teor do art. 1.245 do Código Civil, que observaremos mais adiante.

O legislador pátrio preferiu disciplinar, primeiramente, outras fontes aquisitivas da propriedade, a começar pela usucapião, cujas regras estão definidas nos arts. 1.238 a 1.244 do Código Civil, que passa, agora, sob expressão feminina, também a ser considerado.

É forma originária de aquisição da propriedade, considerada assim pela dominante doutrina, porquanto para o usucapiente a relação jurídica de que é titular surge como direito novo, independentemente da existência de qualquer vinculação com seu predecessor, que, se acaso existir, não será o transmitente da coisa.

Nos ensinamentos do saudoso Prof. Washington de Barros Monteiro, temos que inegável é a utilidade da usucapião, pois decisivamente contribui para a consolidação da propriedade, sendo, assim, poderoso estímulo para a paz social.[11]

Nesse sentido, toda a legislação dos países em desenvolvimento econômico, com enormes dificuldades de avanços sociais, já vem adotando, há muitas décadas, tal reconhecimento do direito de propriedade, mercê da inclusão dessa forma originária de aquisição, até para permitir que ocorra uma expansão positiva no desenvolvimento de suas cidades.

Com efeito, é o próprio legislador constitucional, à luz do art. 183, que contempla essa forma de aquisição da propriedade – mediante as condições que estabelece –, como instrumento, na ordem econômica e financeira, de política urbana.

Assim, nos termos do art. 1.238,

> *"Aquele que, por quinze anos, sem interrupção, nem oposição, possuir como seu um imóvel, adquire-lhe a propriedade, independentemente de título e boa-fé, podendo requerer ao juiz que assim o declare por sentença, a qual servirá de título para o registro no Cartório de Registro de Imóveis".*

Temos aqui, a nova usucapião extraordinária, com a relevante característica de estar expresso ser prescindível que o possuidor tenha boa-fé e justo título, circunstâncias que, no Código de 1916, em seu art. 550, também assegurava, por presunção.

---

[11] MONTEIRO, Washington de Barros. *Op. cit.* p. 125.

Ademais, constata-se que a atividade do possuidor sobre o bem imóvel, pelo prazo capitulado, aliada à passividade plena do terceiro diante daquela atuação individual do possuidor, consumará a usucapião em favor deste.

Convém, outrossim, asseverar que a continuidade do poder de fato – posse direta – sobre o imóvel, sem qualquer interrupção, podendo-se, como já vimos, somar o tempo da posse de eventual antecessor, aliada ao caráter pacífico e manso – posse justa – da posse, sem qualquer oposição, asseguram ao possuidor, no prazo capitulado, pleitear seja reconhecida, em seu favor, a propriedade sobre o bem imóvel, dispensando-se, assim, o justo título, bem como a condição de ser possuidor de boa-fé.

De outra parte, cabe aqui discorrer sobre a impossibilidade de se valer do instituto em causa, quando se tratar de bens públicos, nos expressos termos do parágrafo terceiro do art. 183 da Constituição Federal, como também são insusceptíveis de serem usucapidos, a teor do art. 200 do Decreto-Lei 9.760/1946, os bens imóveis de propriedade da União, como também são inalienáveis, indisponíveis e seus direitos imprescritíveis, as terras tradicionalmente ocupadas pelos índios, à luz do § 4º do art. 231 da Constituição Federal.

O legislador civil estabeleceu redução, para dez anos, no prazo para a aquisição, via usucapião, da propriedade de bem imóvel – parágrafo único do art. 1.238 –, na hipótese de o possuidor ter estabelecido no imóvel a sua moradia habitual ou mesmo já ter realizado obras ou serviços de caráter produtivo, mantendo-se as demais condições aqui comentadas e objeto do *caput* do mencionado art. 1.238.

Esta é uma novidade legislativa que não tem qualquer correspondência com a legislação civil anterior.

Cremos que ficou nítida tal possibilidade de aquisição da propriedade, mercê da usucapião, em prazo menor, em razão da relevância com que se considera a existência de moradia no imóvel, servindo de residência habitual ao possuidor, não sendo necessário perquirir se edificada por ele ou não.

Ademais, fica também patente o grau de incorporação ao nosso contemporâneo direito da permissão de reivindicação da propriedade, em reduzido prazo, via usucapião, em favor de quem a ela deu função social, passando, assim, o domínio para as pessoas que mantêm sobre a coisa uma relação jurídica de posse com trabalho – obras e serviços – produtivo, que o ilustre Prof. Miguel Reale bem denomina de posse mais trabalho.

Outra grande novidade legislativa, também conhecida como usucapião especial rural, no âmbito da lei civil, é a regra contida no art. 1.239, onde se consagra, para a aquisição de maior área no campo, limitada a cinqüenta hectares, a somatória dos basilares princípios norteadores, concebidos e expressos no artigo anterior, quais sejam:

a. a relevância com que se considera a existência de moradia no imóvel, do possuidor ou de sua família;
b. a relação jurídica de posse com trabalho produtivo do possuidor ou de sua família.

No mais, mantém o legislador os requisitos da coexistência de posse contínua e pacífica, em área de terra, situada em zona rural, não superior a cinqüenta hectares, valendo aqui ressaltar, mais uma vez, a substancial relevância da atividade produtiva do possuidor na terra, o qual, com seu trabalho, ou mesmo o de sua família, adquirir-lhe-á a propriedade.

Esta outra novidade, também não tem qualquer correspondência com a legislação civil anterior, valendo aqui novamente destacar que não se aplica tal dispositivo quando se tratar de áreas rurais públicas, nos expressos termos do § 3º do art. 183 da Constituição Federal, como também são insusceptíveis de serem usucapidos, conforme art. 200 do Decreto-Lei 9.760/1946, os bens imóveis de propriedade da União.

Ademais, cumpre deixar expresso que são inalienáveis, indisponíveis e seus direitos imprescritíveis, o que também impossibilita a usucapião nos termos deste dispositivo legal, as terras tradicionalmente ocupadas pelos índios, à luz do § 4º do art. 231 da Constituição Federal.

Como até aqui já vimos e comentamos, resulta claro que, mercê dos princípios constitucionais já existentes sobre a matéria em causa, a legislação civil somente veio ratificar tais princípios, consolidando novas e complexas disposições atinentes ao uso do solo, urbano ou rural, o que demandará cuidadoso exame pelos nossos tribunais para o reconhecimento do domínio, em razão da usucapião urbana ou rural, de maior ou menor porção de terras.

Para confirmar referida ratificação, a disposição civil objeto do art. 1.240 é a mesma, com todas as letras, que se vê do art. 183 da Constituição Federal. Nessa matéria, o direito brasileiro demonstra inédito caráter.

Tal nova regra, também conhecida como usucapião especial, pertinente somente à usucapião urbana, não tem qualquer correspondência com a legislação civil anterior, mantendo o legislador os mesmos básicos princípios norteadores criados e expressos no artigo anterior, inclusive em relação ao prazo menor, de cinco anos, para que se reivindique a propriedade.

Com relação a essa nova norma, cumpre aqui também destacar que não se aplica tal dispositivo quando se tratar de áreas urbanas públicas, nos expressos termos do § 3º do art. 183 da Constituição Federal, como também são insusceptíveis de serem usucapidos, a teor do art. 200 do Decreto-Lei 9.760/1946, os bens imóveis urbanos de propriedade da União, além do que imperioso se faz mencionar, no tocante à legislação pertinente à política urbana, objeto do art. 9º da Lei 10.257/2001.

No § 1º do art. 1.240, o legislador, de forma incisiva, e, com substancial sensibilidade, atribui que os títulos de domínio, que encerram a propriedade,

> *"serão conferidos ao homem ou à mulher, ou a ambos, independentemente do estado civil"*,

estendendo-lhes, outrossim, a concessão do uso, esta notadamente incidente nos casos de mera permissão de usar o bem.

Tal disposição consagra, com grande sensibilidade legislativa, a expressão real do espelho da sociedade brasileira, seja na observância das relações estáveis entre homens e mulheres, sem vínculo formal de matrimônio, seja na constatação da imperiosa necessidade de moradia de quem não possui, sequer família, seja na nítida observação da atuação exclusiva da mulher, como força de trabalho, em seu próprio sustento e na manutenção dos filhos, fatos estes que já se verificam há algumas décadas.

No que tange ao § 2º, temos relevante limitação à obtenção do domínio, que será assegurado apenas uma vez ao mesmo possuidor, o que também merecerá cuidadoso exame pelo Poder Judiciário.

A regra contida no art. 1.241, pertinente ao direito do possuidor de requerer ao juiz que, mediante usucapião, lhe declare a propriedade, tem amparo procedimental nos dispositivos legais objeto dos arts. 941 a 945 do Código de Processo Civil vigente e a norma objeto de seu parágrafo único dispõe que a declaração de propriedade em causa constituirá título aquisitivo hábil para o registro perante o Cartório do Registro de Imóveis, o que nos leva a invocar o art. 167, inciso I, item 28 da Lei 6.015/1973 (Lei de Registros Públicos).

Assim, transitada em julgado a decisão judicial que, mediante ação de usucapião, confere a propriedade, será objeto de mandado judicial, onde deverá constar o inteiro teor da declaração judicial, além da presença de todos os demais requisitos necessários para a matrícula do imóvel junto ao Registro Imobiliário, na forma do art. 226 da referida Lei 6.015/1973.

Para que também se possa adquirir a propriedade, mercê da usucapião, o legislador também assegurou ao possuidor que, em prazo não menor de dez anos, de forma contínua e incontestadamente, possa adquirir a propriedade, desde que munido de justo título e de boa-fé, nos termos do art. 1.242.

Podemos assim dizer, dada a correspondência da hipótese legal vertente com a disposição do *caput* do art. 551 do Código Civil de 1916, que temos aqui a nova usucapião ordinária, com nova peculiaridade, qual seja, a presunção da existência da posse mansa e pacífica e de sua não oposição, dada a exigência da coexistência do justo título e da presença da boa-fé.

Cabe aqui também destacar que não se aplica tal dispositivo quando se tratar de bens imóveis públicos, nos expressos termos do § 3º do art. 183 da Constituição Federal, como também são insusceptíveis de serem usucapidos, a teor do art. 200 do Decreto-Lei 9.760/1946, os bens imóveis de propriedade da União, como também cumpre novamente deixar aqui expresso que são inalienáveis, indisponíveis e seus direitos imprescritíveis, o que também impossibilita a usucapião nos termos deste dispositivo legal, os bens imóveis tradicionalmente ocupados pelos índios, à luz do § 4º do art. 231 da Constituição Federal.

É o caso do possuidor, por exemplo, que, mediante escritura pública de cessão de direitos possessórios, na condição de cessionário, recebe do cedente, por ele e por seus antecessores, a transferência da posse de boa-fé que o transmitente vinha exercendo sobre o imóvel, ambos desconhecendo quaisquer eventuais óbices anteriores, com todas essas declarações constantes em referida escritura.

Assim, além do justo título, terá o possuidor absoluta boa-fé, valendo aqui recordar o que dissemos quando comentamos os arts. 1.201 a 1.203, de tal sorte que, cumprindo os demais requisitos do art. 1.242, também lhe será assegurada a aquisição da propriedade.

Nova e relevante novidade legislativa é a constante de seu parágrafo único, sem nenhuma correspondência legislativa anterior.

Com efeito, a lei reduziu para cinco anos, as disposições contidas na regra geral do *caput* deste artigo, se o imóvel já houver sido adquirido, onerosamente, com base no registro constante do respectivo Cartório, ainda que posteriormente cancelado, desde que os possuidores tenham estabelecido sua moradia no imóvel ou mesmo tenham realizado no mesmo investimentos de interesse social e econômico.

Mais uma vez se vê consolidada a proteção da atividade do possuidor, dando à propriedade manifesta atividade e função, social – aqui, por ilação, conceituada como realização de investimentos sociais e econômicos no imóvel –, em detrimento daquele que não a deu, além da prevalência, mais uma vez, da relevante condição e do importante pressuposto de moradia do possuidor no imóvel, o que, nos anteriores comentários sobre a nova usucapião extraordinária, já destacamos.

Ademais, relevante é aqui também deixar assentado que, a teor das disposições transitórias objeto dos arts. 2.028 a 2.035 do Código Civil brasileiro, ao prazo de cinco anos acima referido, deverão se acrescer mais dois anos, conforme estabelecido no art. 2.029.

A norma contida no art. 1.243 tem substancial relevância para que, mediante a usucapião de que cogitam todos os precedentes artigos já aqui comentados, se possa permitir ao possuidor acrescer à sua posse a dos seus antecessores, um dos elementos essenciais da posse e já comentado por ocasião do exame da regra contida no art. 1.207, e desde que todas sejam contínuas, vale dizer, ininterruptas, além de serem pacíficas, ou seja, posses justas, sem qualquer dos vícios da violência – por atos de força ou mediante ameaça –, da clandestinidade – uso de expedientes escusos, com os ingredientes da omissão –, ou mesmo da precariedade – uso para restituí-la, mas, com posterior abuso de confiança, deixando de restituí-la –, e, nas hipóteses do dispositivo legal objeto do art. 1.242, onde se normatiza a obrigatória presença do justo título e da boa-fé.

Tal disposição tem similaridade e correspondência legislativa anterior, presente no art. 552 do Código Civil de 1916, aplicando-se esta disposição normativa atual a todos os procedimentos pertinentes à usucapião sobre bens móveis, no texto do art. 1.262 do vigente Código Civil.

No que concerne à inteira aplicabilidade ao possuidor, por extensão, de todos os princípios que determinam as causas de interrupção ou mesmo de suspensão da prescrição aquisitiva em favor do devedor – arts. 197 a 199 e 201 do Código Civil vigente –, que se aplicam, assim, à usucapião do art. 1.244, sua presença vem assegurar o acertado equilíbrio entre todas as disposições que tutelam a perda do direito de ação, seja do credor em relação ao devedor, seja do possuidor contra aquele que, mercê da inércia no tempo, perde a propriedade, disposição também capitulada no Código Civil de 1916, em seu art. 553.

Da Aquisição pelo Registro do Título

Como já vimos anteriormente, a transferência da propriedade se opera, por *atos inter vivos*, mediante o registro do título translativo no Registro de Imóveis, conforme art. 1.245 do Código Civil.

Assim também se opera a perda da propriedade, seja pela alienação, seja pela renúncia, conforme se vê do parágrafo único do art. 1.275, consumando-se tal perda com o registro do título transmissivo ou do ato renunciativo, perante o Cartório do Registro de Imóveis.

Tal disposição nos lembra as lições acadêmicas dos mestres do passado e os exemplos vivenciados no dia-a-dia da advocacia civil, quando continua prevalecendo a popular expressão: *quem não registra não é dono.*

Não basta o adquirente possuir escritura de compra e venda de bem imóvel a ele transmitido pelo alienante.

Se não a levar ao Registro Imobiliário, obtendo o seu registro, não é proprietário do bem imóvel adquirido, continuando o próprio alienante sendo considerado o dono do imóvel, a teor da regra contida no § 1º do art. 1.245.

Cumpre aqui mencionar as disposições atinentes ao registro do bem imóvel, contidas nos arts. 1º, § 1º, inciso IV, e 167 a 288 da Lei dos Registros Públicos – Lei 6.015/1973 –, pertinentes aos atos de registro da propriedade.

No que concerne às disposições do § 2º do art. 1.245, o legislador procurou dar outro e novo alcance à regra, sem qualquer correspondência legislativa anterior, de tal sorte que disciplinou que o adquirente continuará a ser havido como dono do imóvel, até que se decrete judicialmente a invalidade ou o cancelamento do registro, ainda que exista ação própria em andamento, intentada pelo alienante para que lhe sejam atendidos quaisquer desses pleitos.

É a consolidação da mais ampla e irrestrita obediência à Lei dos Registros Públicos, norma criada com substanciais critérios de rigor, seja no âmbito da regulação técnico – jurídica, seja na esfera da imensa proteção social e aos seus pertinentes atos notariais de registro da propriedade, emanados pelos Cartórios de Registro de Imóveis.

Nada mais salutar ao ordenamento jurídico e à ordem pública e social, porquanto as incalculáveis experiências do passado, permeadas de duvidosas disputas pela nulidade ou anulação de atos lavrados em escrituras públicas, sem existência das tradicionais transcrições aquisitivas, com os ingredientes das não menos duvidosas demandas em relação às precariedades decorrentes de irregularidades ou mesmo ilegalidades criminosas verificadas nos próprios atos notariais e em seus próprios Cartórios notarias, conduziu o legislador a dar à doença temática até então existente o legal remédio para a superveniente e permanente cura.

A condição de já ser eficaz o registro desde o momento da apresentação do título de propriedade ao oficial do registro, com a devida prenotação que se fará em seu protocolo de entrada, do que resulta a norma do art. 1.246, já vemos corroborada na relevância e importância acima comentadas, além do que a validade contra terceiros, que resulta do ato de prenotação, enquanto durar – trinta dias, prorrogáveis –, também assegura a regularidade e a prevalência do ato jurídico, inobstante pendente de registro, valendo aqui consignar a disciplina das regras constantes dos arts. 182, 183, 186 e 205, da Lei 6.015/1973 (Lei dos Registros Públicos).

A ampla tutela em favor da absoluta legalidade e sua inteira publicidade, relativamente ao ato a ser praticado pelo Registro Imobiliário, vem consagrada pelo art. 1.247, quando o legislador assevera que se o teor do registro não expressar a verdade, poderá o interessado reclamar que se retifique ou anule, em salutar ambiente judicial próprio, a teor do que vemos normatizado pelos arts. 212 a 214 e art. 216 da Lei 6.015/1973.

Temos como exemplo, objetivando retificação, a hipótese de o adquirente de uma área de terras, compreendendo diversos lotes, havidos por várias matrículas, obter judicialmente – perante a Vara competente dos Registros Públicos –, dada a existência física da unificação daqueles lotes, a retificação na descrição do imóvel adquirido, adequando-o, seja em relação a sua nova descrição, seja em relação a sua nova área, requisitos fundamentais à abertura de nova matrícula única.

Em tal procedimento, imperioso será comprovar os fatos com planta do imóvel, acompanhada de seu memorial descritivo.

Tal princípio não tem correspondência legislativa anterior.

Assim, nos termos do parágrafo único do art. 1.247, assegura-se que a eventual superveniente hipótese de vir a ser cancelado o registro que não exprima a verdade, seja em decorrência de retificação ou mesmo de anulação, possibilitará ao proprietário reivindicar o imóvel, independentemente da boa fé ou do título do terceiro adquirente.

Da Aquisição por Acessão

Dar-se-á a aquisição da propriedade pela acessão, quando a esta juntam-se determinadas porções de terras, resultantes da constituição, mediante acréscimo aos próprios terrenos, o que pode ocorrer em razão de ampliação do curso normal das águas, bem como pela existência de edificações ou plantações que porventura vierem a também acrescê-las.

O art. 1.248 do Código Civil estabelece que a acessão pode dar-se:

> *"I. por formação de ilhas;*
> *II. por aluvião;*
> *III. por avulsão;*
> *IV. por abandono de álveo;*
> *V. por plantações ou construções".*

Vejamos tais hipóteses, comentando-as.

Das ilhas

Com efeito, a porção de terras circundada por água que vier a se formar naturalmente, seja nas águas correntes comuns ou particulares, passa a pertencer aos proprietários ribeirinhos, fronteiriços, como diz o art. 1.249, desde que se observem as seguintes regras:

a. as que se formarem no meio do rio, consideram-se acréscimos sobrevindo aos terrenos ribeirinhos fronteiriços de ambas as margens, na proporção de suas testadas, até a linha que dividir o álveo em duas partes iguais, nos termos do inciso I desse artigo;
b. as terras que se formarem entre a referida linha de uma das margens consideram-se acréscimos aos terrenos ribeirinhos fronteiros desse mesmo lado, nos termos do inciso II;
c. as terras que se formarem pelo desdobramento de um novo braço do rio continuam a pertencer aos proprietários dos terrenos à custa dos quais se constituíram, nos termos do inciso III;

Cumpre aqui mencionar que ilhas fluviais e incrustradas em zonas de fronteira com outros países, bem como as ilhas oceânicas e costeiras, são de domínio incontestável da União Federal, sendo assim consideradas como seus bens, nos termos do art. 20, inciso IV, da Constituição Federal, excluídas aquelas ilhas que não estiverem nas áreas de seu domínio, como as de que se cogita o art. 26, incisos II e III, da Constituição Federal, que se incluem dentre os bens de propriedade dos Estados.

Também relevante é considerar que há correntes importantes em nosso direito que consideravam as ilhas costeiras, de maneira diversa das oceânicas, sendo aquelas consideradas como incorporadas ao patrimônio do Estado ou do Município em que se situam, como as terras existentes nas ilhas dos Municípios de São Vicente e Guarujá, os imóveis existentes na ilha de Santa Catarina, onde se situa o Município de Florianópolis e as terras existentes na Ilha Bela, onde existe o próprio município de Ilhabela.

Da Aluvião

Todos e quaisquer acréscimos que se formarem, de maneira

> *"sucessiva e imperceptivelmente, por depósitos e aterros naturais ao longo das margens das correntes, ou pelo desvio das águas destas, pertencem aos donos dos terrenos marginais, sem indenização",*

consoante disposição do art. 1.250.

Tal disposição não se aplica aos casos em que, por ação direta de vizinho, ou de quem, a mando deste, vier a realizar, por exemplo, obras inadequadas de terraplenagem em seu próprio terreno, vindo a aproveitar-se da ocorrência superveniente de pesadas chuvas para, em razão daquelas perigosas obras e da inundação ocorrida, tentar acrescer terreno do vizinho ao seu, dado o desmoronamento subseqüente.

É a delituosa aluvião, que ensejará ao culpado indenizar o prejudicado, suportando as obras de reposição do terreno que se pretendia aluviar, conforme remansosa jurisprudência de nossos tribunais.

Relevante ilustrar o estudo do presente instituto, com o exame das disposições pertinentes, emanadas do Decreto 24.643/1934 (Código Brasileiro de Águas).

Na hipótese de formação natural da aluvião, conforme consta no parágrafo único do art. 1.250,

> *"O terreno aluvial que se formar em frente de prédios de proprietários diferentes, dividir-se-á entre eles, na proporção da testada de cada um sobre a antiga margem",*

exatamente para que haja igualdade entre os diferentes proprietários, no tocante à porção de terras que, por ato natural, veio a acrescer e a beneficiá-los.

Outro caminho não tomou o legislador contemporâneo, vindo, assim, contemplar a vertente hipótese, na mesma medida que sua correspondente existência legislativa assim definia, a teor do art. 540 do Código Civil de 1916.

Da Avulsão

Quando uma porção de terras, mercê de violenta força natural, destacar-se de um prédio ou vier a se juntar ao outro, ocorrerá a avulsão, sendo certo que o dono desta porção avulsada, desde que indenize o dono do primeiro, adquirirá a propriedade desse acréscimo, como se vê do art. 1.251.

Se ocorrer mais de ano sem qualquer reclamação do dono do primeiro, tornar-se-á proprietário o dono do acréscimo, sem necessitar indenizar o outro, a teor da mesma disposição legal em exame.

Na hipótese de discordância no pagamento indenizatório, o dono do prédio a que se juntou naturalmente a porção avulsada, deverá concordar que essa porção acrescida deva ser removida, como se vê da norma contida em seu parágrafo único.

Não podemos perder de vista que, nesses casos dispostos pelo legislador, sempre deve prevalecer o bom senso, seja no tocante à hipótese indenizatória, seja no tocante à ocorrência de aquiescência para a mera remoção da parte acrescida, sem pagamento indenizatório, exatamente porque a causa da violência que deu origem à avulsão, em sendo natural, não determina responsabilidade civil, seja a favor de quem perdeu porção, seja em benefício de quem recebeu acréscimo de terra, dada a presença do caso fortuito ou da força maior, excludentes da aplicabilidade da responsabilidade civil.

Do Álveo Abandonado

Seu conceito decorre do art. 9º do Decreto 24.643/1934 (Código de Águas). Corresponde, no lecionar de Washington de Barros Monteiro,[12] à superfície que as águas cobrem sem transbordar para o solo natural e ordinariamente enxuto. O álveo será público, de uso comum, ou dominial, conforme a propriedade das respectivas águas; e será particular nos casos das águas comuns ou das águas particulares, conforme edita o art. 10 do aludido Decreto.

Quando tivermos, assim, álveo abandonado, aplicar-se-á a regra do art. 1.252, a que também se aplicam os arts. 10, 26 e 27 do Código Brasileiro de Águas, quais sejam: o álveo abandonado pertence aos proprietários ribeirinhos das duas margens. Nenhuma indenização a lei assegura aos donos dos terrenos por onde as águas abrirem novo curso. Em nosso direito, no dizer de Washington de Barros Monteiro,[13] só não há lugar para indenização se a mudança se deve a acidente natural, exercido pelo próprio rio, sem que intervenha a vontade humana. Se, porém, o desvio foi determinado por obras públicas, úteis à coletividade, o dono do imóvel atravessado pelo novo álveo tem direito de ser indenizado, mediante desapropriação. Mas, nesse caso, o antigo álveo passa a pertencer ao poder público expropriante, para compensá-lo das despesas feitas, conforme dispõe o art. 27 do Código de Águas.

Das Construções e Plantações

De início, relevante é afirmar que as construções e plantações não se confundem com as benfeitorias, não obstante poder ocorrer confusões.

Segundo Clóvis Beviláqua,[14] nem todas as obras efetuadas em uma coisa entram na classe das benfeitorias, sendo certo que as cons-

---

[12] MONTEIRO, Washington de Barros. *Op. cit.* p. 118.

[13] *Id.*

[14] BEVILÁQUA, Clóvis. *Direito das coisas*. 5. ed. Rio de Janeiro: Freitas Bastos, 1946. v. 1, p. 9 e 42.

truções e plantações não se enquadram entre as benfeitorias propriamente ditas. As acessões obedecem a regras especiais próprias previstas no Código Civil.

E, no lecionar de Clóvis Paulo da Rocha,[15] benfeitorias são despesas feitas com a coisa, ou obras feitas na coisa, com o fito de conservá-la, melhorá-la ou embelezá-la, e acessões são obras que criam coisas novas, diferentes, que vêm aderir à coisa anteriormente existente.

Pelo instituto da acessão, presumir-se-á feita pelo proprietário, e à sua custa, toda a construção ou plantação existente em um terreno, até que se prove o contrário, conforme norma constante do art. 1.253.

Nesse sentido, resulta claro que enquanto não se prove o contrário, pode-se dizer, por presunção, que tais edificações ou plantações existentes no terreno foram realizadas por seu proprietário.

Assim, para as hipóteses de semeadura, plantação ou construção em terreno próprio, com material alheio, vemos a regra contida no art. 1.254

> *"Aquele que semeia, planta ou edifica em terreno próprio com sementes, plantas ou materiais alheios, adquire a propriedade destes; mas fica obrigado a pagar-lhes o valor, além de responder por perdas e danos, se agiu de má-fé".*

Nada mais acertado, porquanto o dono dessas sementes, plantas ou materiais, poderia estar deles necessitando para dar-lhes outro destino, não podendo permanecer impunes, sem condenação em perdas e danos, em razão dos atos praticados por quem os subtraiu de má-fé.

De outra parte, no tocante à semeadura, plantação ou construção em terreno alheio, com material próprio, temos a disciplina da norma contida no art. 1.255, em que se vê que todo aquele que semear, plantar ou edificar em terreno alheio perderá as sementes, as plantas e as obras em favor do proprietário do terreno, ressalvando-se, entretanto, em favor do semeador, plantador ou obreiro de boa-fé, receber indenização, mesmo porque, em seus atos, desconhecia estar realizando obras e plantações em terreno de outrem.

---

[15] ROCHA, Clóvis Paulo da. *Das construções na teoria geral da acessão.* Rio de Janeiro: Jornal do Commercio, 1943, p. 36.

No que concerne ao seu parágrafo único, vemos que

> *"Se a construção ou a plantação exceder consideravelmente o valor do terreno, aquele que, de boa-fé, plantou ou edificou, adquirirá a propriedade do solo, mediante pagamento da indenização fixada judicialmente, se não houver acordo".*

Nesse sentido, as construções ou plantações não podem mesmo ser consideradas benfeitorias, mas, sim, acessões, além do que a condição de boa-fé ou de ma-fé, influindo de forma determinante para se aferir a relação entre aquele que construiu ou plantou em terreno alheio e o seu proprietário, entendemos que caberá apenas indenização da parte do obreiro ou plantador.

Quando se verificar má-fé de ambas as partes, o disposto no art. 1.256 determina que

> *"adquirirá o proprietário as sementes, plantas e construções, devendo ressarcir o valor das acessões".*

E seu parágrafo único dispõe que se presume má-fé do proprietário do terreno quando o trabalho de construção, obras, lavoura ou plantações, se fez em sua presença e sem impugnação sua.

O disposto no art. 1.256 aplicar-se-á à hipótese de não pertencerem ao semeador, plantador ou obreiro, as sementes, plantas e materiais de construção por ele empregadas no terreno alheio, inobstante a sua conduta ser de boa-fé, desconhecendo a situação alheia do imóvel, nos termos do art. 1.257, que, especificamente, trata da hipótese de semeadura, plantação ou construção em terreno alheio, com material alheio.

E seu parágrafo único permite que, neste caso, o proprietário das sementes, plantas ou materiais de construção, se não puder havê-las do semeador, plantador ou obreiro, poderá cobrar indenização do proprietário do solo.

As seguintes normas, resultantes dos arts. 1.258 e 1.259, tratam do caso específico de construção que invade, ainda que parcialmente, o solo alheio.

Assim, por um lado, à luz do art. 1.258

> *"Se a construção feita parcialmente em solo próprio, invade solo alheio em proporção não superior à vigésima parte deste, adquire o construtor de boa-fé a propriedade da parte do solo invadido, se o valor da construção exceder o dessa parte, e responde por indenização que represente, também, o valor da área perdida e a desvalorização da área remanescente".*

Tal taxativa e incisiva norma é inédita no direito civil, não tendo qualquer correspondência legislativa anterior.

A indenização de que cogita tal norma compreenderá as perdas e danos causados, valendo, para tanto, a extensão legislativa atinente às disposições dos arts. 402 a 405 do Código Civil.

Já em relação ao seu parágrafo único, também inédito, via de conseqüência, temos a situação em que

> *"Pagando em décuplo as perdas e danos previstos neste artigo, o construtor de má-fé adquire a propriedade da parte do solo que invadiu, se em proporção à vigésima parte deste e o valor da construção exceder consideravelmente o dessa parte e não se puder demolir a porção invasora sem grave prejuízo para a construção".*

Tal inédita disposição é peculiar, porquanto estabelece aquisição de propriedade de solo invadido, ainda que sob fixação prévia de perdas e danos, sobre proporção limitada da área, em favor de invasor construtor de má-fé.

Nesse sentido, a jurisprudência deverá fixar até que ponto se estenderá a aplicação das disposições resultantes dessa norma, como também, em conseqüência desta, virá definir os parâmetros inerentes ao que não se poderá demolir na porção invasora e os graves prejuízos afetando a construção, lembrando que a indenização de que cogita tal regra compreenderá as perdas e danos causados, consoante os arts. 402 a 405 do Código Civil.

Por outro lado, o legislador civil, também por dispositivo inédito, via de conseqüência, a teor do contido no art. 1.259, estabelece, em razão do disposto no anterior artigo, e, no que vier a tocar, seja ao construtor de boa-fé, seja ao de má-fé, que

> *"Se o construtor estiver de boa-fé, e a invasão do solo alheio exceder à vigésima parte deste, adquire a propriedade da parte do solo invadido, e responde por perdas e danos que abranjam o valor que a invasão acrescer à construção, mais o da área perdida e o da desvalorização da área remanescente; se de má-fé, é obrigado a demolir o que nele construiu, pagando as perdas e danos apurados, que serão devidos em dobro".*

Essa inédita disposição também é peculiar, porquanto confere aquisição de propriedade de solo invadido, ainda que sob fixação prévia de perdas e danos, e sobre proporção de área em relação aos limites, em favor do invasor construtor de boa-fé, com o especial destaque de obrigar o construtor de má-fé a demolir o que nele construiu, pagando as perdas e danos apurados, que serão devidos em dobro.

Acresce, outrossim, salientar que a indenização de que cogita tal regra compreenderá as perdas e danos causados, conforme arts. 402 a 405 do Código Civil, ressaltando que a jurisprudência deverá nortear até que ponto se estenderá a aplicação das disposições resultantes dessa norma.

Da Aquisição da Propriedade Móvel

Da Usucapião

O legislador civil contemporâneo, como também dispunha seu antecessor, conforme dispõe o art. 608 do Código Civil de 1916, contempla a aquisição da propriedade de bem material móvel, mediante a posse, por três anos, de forma contínua e ininterrupta, incontestadamente, de forma efetiva sobre a coisa, como se sua fosse, com o mesmo ânimo de proprietário, com justo título e com boa-fé, à luz do art. 1.260.

Temos, pois, reconhecida aqui a usucapião ordinária de bem material móvel.

Assim se vê a regra contida no dispositivo legal invocado, que guarda inteira sintonia, relativamente aos requisitos que exige, com as regras que já comentamos inerentes a todos os requisitos para a aquisição, via usucapião, de bens materiais imóveis, guardadas as expressas e devidas distinções legais, valendo aqui destacar as normas contidas nos arts. 1.261 e 1.262, que dão aplicabilidade à usucapião de bens móveis, nos mesmos termos do disposto nos arts. 1.243 e 1.244, pertinentes à usucapião de bens imóveis.

Nesse sentido, o legislador assegura a propriedade, por exemplo, em favor do possuidor de um veículo que, por três anos contínuos, mediante justo título – a posse do documento adequado do bem ou mesmo dos documentos pertinentes aos pagamentos dos impostos, seguros obrigatórios, licenciamentos e multas, sem qualquer oposição de seu proprietário e com boa-fé, ignorou quaisquer vícios porventura existentes, ou mesmo quaisquer obstáculos para a aquisição da coisa.

A propriedade poderá, outrossim, ser adquirida, inobstante a ausência do título justo e da boa-fé, desde que o possuidor prolongue a posse sobre o bem material móvel por cinco anos, sem oposição do proprietário, conforme o art. 1.261.

Temos aqui a reconhecida usucapião extraordinária de bem material móvel.

Ademais, relevante é comentar que há grande discussão sobre a possibilidade de usucapião ou não sobre linhas telefônicas, além de se debater, inclusive, se tal direito é real ou pessoal.

Tal matéria já é objeto da Súmula 193 do Superior Tribunal de Justiça, que consagra a aquisição de linha telefônica por usucapião.

Da Ocupação

Dar-se-á a ocupação toda a vez que a pessoa se apropriar, se apoderar, se ocupar ou mesmo se assenhorear de coisa, sem dono, para logo lhe adquirir a propriedade, ficando claro que essa ocupação não pode ser proibida por lei, consoante norma contida no art. 1.263, valendo aqui recordar, por analogia, as disposições, já vistas e comentadas, pertinentes ao instituto da descoberta – arts. 1.233 a 1.237 –, sendo certo que, no que tange ao abandono, exige-se a intenção de se renunciar à coisa.

Como exemplo, podemos cogitar da determinação de algumas empresas no sentido de que considerarão abandonados os objetos não procurados por seu titular. Após determinado prazo sem reclamação, a empresa deles apoderar-se-á, podendo livremente fazer o que quiser.

Tal exemplo, muito comum em inúmeras empresas, pode gerar a consideração de representar cláusula abusiva contra o consumidor que se julgar prejudicado, dada a afronta a disposições do Código de Proteção e Defesa do Consumidor.

Do Achado do Tesouro

Temos seu conceito no art. 1.264, onde explicitamente se vê que tesouro é

> *"O depósito antigo de coisas preciosas, oculto e de cujo dono não haja memória",*

disciplinando o legislador, na mesma norma, a forma de divisão por igual entre o proprietário do prédio e a pessoa que, casualmente, o achar.

Mais adiante se contempla que pertencerá, por inteiro, o tesouro ao proprietário do prédio, se este o achou ou em pesquisa de busca que ordenou, ou por terceiro não autorizado, norma contida no art. 1.265.

Doutrinariamente, temos a considerar que tal tesouro deve ser achado pela pessoa humana e não por um acaso da natureza, além do que deve estar oculto, escondido, de tal forma que não se perceba e que seja muito antigo, não se conhecendo quem poderia ser seu proprietário.

A regra do art. 1.266 disciplina, de forma incisiva, a divisão do tesouro, por igual, entre o descobridor e o enfiteuta, se for achado em terreno aforado, além de também normatizar que caberá por inteiro ao enfiteuta quando este for o descobridor.

Aqui cabe tecer comentários, de forma sintética, sobre a figura jurídica da enfiteuse e seu titular.

Com efeito, enfiteuse é a relação jurídica por força da qual o senhorio direto (proprietário) autoriza outra pessoa (o enfiteuta), a usar, gozar e dispor da coisa, com certas restrições, inclusive pagamento de retribuição anual, chamada de pensão ou foro.

Assim sendo, dá-se a enfiteuse, aforamento ou aprazamento quando o proprietário atribui a outrem, seja por ato *inter vivos*, seja por disposição de última vontade, o domínio útil do imóvel, pagando a pessoa que o adquire, que assim se constitui enfiteuta, ao senhorio direto uma pensão, ou o foro anual, certo e invariável.

Da Tradição

Como já comentamos anteriormente, o traço característico e fundamental da aquisição de bens materiais móveis ou mesmo de direitos reais sobre as coisas móveis se consolida e se prova apenas e tão somente com a tradição, seja com a permanência – atos constituídos –, seja com a entrega ou transferência do bem móvel de uma pessoa para outra – atos transmitidos.

Também assim se determina para os atos de alienação da propriedade sobre os bens materiais móveis, de tal sorte que eles não se transferem pelos negócios jurídicos, aqui entendidos como contratos firmados, mas pela prévia entrega, pela anterior tradição, como está definido no art. 1.267.

Por mais claro que seja o ajuste contratual, com a observância de todos os aspectos inerentes ao negócio jurídico então celebrado entre as partes, com o objetivo da venda de bem material móvel, não se estará transferindo a propriedade ao adquirente se não houver antes a tradição.

No que tange à regra contida em seu parágrafo único, temos a aplicabilidade aos bens materiais móveis da figura do *constituto possessório*, subentendendo a tradição quando o transmitente, alienante, continua a possuir, mercê do *constituto possessório*, ou mesmo quando cede ao adquirente o direito à restituição da coisa que se encontra em poder de terceiro, ou também quando o adquirente já estava na posse da coisa por ocasião do negócio jurídico.

Quanto à aplicação do *constituto possessório*, cumpre lembrar aqui os comentários feitos ao art. 1.205, que se aplicam inteiramente aos bens materiais móveis.

Nesse sentido, os princípios inerentes à transmissão, sob *constituto possessório*, de bens imóveis, aplicam-se à transferência dos bens móveis, observadas as hipóteses contempladas no aludido parágrafo único do citado art. 1.267.

De outra parte, se realizada por quem não seja proprietário, a tradição não aliena, não transmite propriedade,

> *"exceto se a coisa, oferecida ao público, em leilão ou estabelecimento comercial, for transferida em circunstâncias tais que, ao adquirente de boa-fé, como a qualquer pessoa, o alienante se afigurar dono"*,

consoante preceitua a regra contida no art. 1.268.

Tal disposição revela-se exceção à regra geral de que quem transfere tem de ser o dono da coisa.

Com efeito, para exemplificar, há a hipótese de um bem móvel vir a ser oferecido à venda, através de leilão, ao público, ou mesmo, por exposição pública, em estabelecimento comercial, mediante circunstâncias que conduzem o interessado comprador a acreditar que quem está vendendo seja o dono do bem exposto à alienação.

Assim, a teor de seu § 1º, vemos protegida a aludida aparência da propriedade em favor do alienante e a boa-fé do adquirente.

Já no que tange ao seu § 2º, vemos estabelecido que

> *"Não transfere propriedade a tradição, quando tiver por título um negócio jurídico nulo"*,

taxativa e incisiva norma que vem proteger e dar segurança às relações dos negócios que incidem sobre bens móveis.

Da Especificação

Temos aqui a normatização legal incidente nos casos em que, mercê da transformação de uma matéria prima, realizada pela pessoa transformadora, seu especificador, resulte em matéria nova.

Assim, por exemplo, podemos afirmar que são especificadores os profissionais da escultura, os pintores, como também os profissionais em produção e remixagem musical, tais como os DJ. produtores, profissionais estes que, por meio de seu trabalho, transformam a matéria prima originária – argila, cerâmica, telas, murais e músicas –, em espécie nova, na razão direta de sua atividade criativa e laborativa.

Nesse sentido, para a geração da matéria nova, o trabalho do transformador tem predominância sobre o material utilizado, de tal forma que, consoante disposição do art. 1.269,

> *"Aquele que, trabalhando em matéria-prima em parte alheia, obtiver espécie nova, desta será proprietário, se não se puder restituir à forma anterior".*

Com efeito, se não se puder voltar à argila, após a escultura pronta e acabada, como também se não se puder retornar à tela originária, após a concretização da pintura, assim como se não houver condições, após a gravação da nova música, fruto da remixagem eletrônica, de voltar à canção primitiva, há de se considerar proprietário da obra nova seu especificador.

Na hipótese de ser toda a matéria-prima alheia e não se puder reduzir à forma precedente, será do especificador de boa-fé a espécie nova, como dispõe o art. 1.270, mesmo porque foi ele o agente transformador, sem a existência de quaisquer vícios que desnaturem sua boa fé, não havendo, na hipótese legal de que se cogita, como retornar à forma anterior.

Quando se verificar a prática, pelo transformador, de atos de má-fé que resultem na obtenção da espécie nova, mesmo que se possa ou não fazer a redução à sua anterior condição, será sempre do dono da matéria-prima a espécie nova, conforme seu § 1º.

Relevante acerto contido em tal disposição, porquanto a nova espécie criada resultou de má-fé do agente especificador, como por exemplo nos atos de subtração da matéria-prima pelo transformador, quando não pode este tirar proveito econômico da obra nova, realizada com matéria-prima de outrem, obtida por atos de má-fé.

Passemos agora à exceção legal contida no § 2º da norma comentada, qual seja quando a obra nova representar valor muito superior ao da matéria-prima.

Nesse caso, ainda que resultante de atos de má-fé do especificador, sempre será dele a obra nova.

O legislador contempla, outrossim, as hipóteses de obrigatório ressarcimento aos prejudicados, a teor da norma contida no art. 1.271, de danos porventura sofridos, nas relações entre o dono da obra e o proprietário da matéria-prima, com a exceção da impossibilidade de qualquer ressarcimento, na hipótese prevista e já comentada constante do § 1º do art. 1.270.

Da Confusão, da Comissão e da Adjunção

Sempre que houver uma mistura de coisas de diversos donos, sem o seu consentimento, teremos a confusão, a comissão ou a adjunção.

Quando essa mescla for de coisa líquida, temos a confusão, e quando percebermos que a mistura for de coisa seca, temos a comistão.

Por outro lado, quando ocorrer a justaposição de uma coisa à outra, teremos a adjunção.

Assim, na forma do art. 1.272,

> *"As coisas pertencentes a diversos donos, confundidas, misturadas ou adjuntadas sem o consentimento deles, continuam a pertencer-lhes, sendo possível separá-las sem deterioração".*

Em não sendo possível a separação de uma coisa da outra, sem deterioração, ocorrerá a existência de comunhão, de condomínio entre as coisas que continuarão mescladas.

Em seu § 1º, teremos a manutenção da indivisibilidade da coisa quando não for possível a sua separação, ou quando for excessivamente dispendioso tal procedimento. Neste caso, caberá a cada um dos donos quinhão proporcional ao valor da coisa com que entrou para a mistura ou agregado.

Já no que tange ao seu § 2º, será dono da coisa, em sua totalidade, se uma delas puder ser considerada principal. Neste caso, caberá indenizar os demais donos.

Na hipótese de a confusão, a comissão ou a adjunção se operarem de má-fé, por qualquer das partes, à outra caberá escolher se adquirirá a propriedade como um todo, pagando a parte que não é sua, deduzida da indenização que, por má-fé do outro, lhe cabe, ou mesmo se renunciará ao que lhe pertence, em razão da própria conduta de má-fé do outro, cabendo-lhe, também neste caso, a indenização, a teor do art. 1.273.

Já as disposições do art. 1.274 são incisivas e taxativas, definindo o legislador que

> *"se da união de matérias de natureza diversa se formar espécie nova, à confusão, comissão ou adjunção aplicam-se as normas dos arts. 1.272 e 1.273".*

Da Perda da Propriedade

Além de todas as hipóteses que já vimos e comentamos, pode-se perder a propriedade, como diz o art. 1.275, por alienação (venda, cessão, transmissão da coisa), por renúncia (desistência da coisa), por abandono (deixar de reclamar a coisa), por perecimento da coisa (deixar de existir, destruição ou extinção da coisa) e por desapropriação, esta tradicionalmente um ato jurídico administrativo, hoje também extensivo a ato civil, que determina a perda em razão de utilidade pública ou interesse social ou mesmo função social da propriedade.

Antes de detalharmos os casos legais de perda da propriedade, cumpre ressaltar que as hipóteses de venda (alienação) e de renúncia (desistência) somente se consolidam com os seus respectivos atos registrados no Registro de Imóveis competente, como assim determina o seu parágrafo único.

Como já vimos anteriormente, se para ser dono impõe-se o registro do ato translativo da propriedade, o legislador deixou expresso, com a mesma coerência legislativa, que para deixar de sê-lo, via alienação ou mesmo via renúncia, também se deverão submeter tais atos de perda aos seus devidos registros no Registro de Imóveis.

Tal disposição comporta exceções, mas apenas para os atos de renúncia, como a hipótese de renúncia de direitos hereditários sobre a propriedade de bem imóvel, que, tomada por termo particular nos próprios autos do inventário, homologada pelo juiz, dispensa seu registro no Cartório do Registro de Imóveis; também a disposição expressa de renúncia de propriedade de bem imóvel, deliberada pelo testador em testamento, seja público ou particular, dispensa tal registro, mesmo porque no cumprimento dessas disposições testamentárias, nos autos do processo de inventário, sempre teremos a obrigatória presença fiscalizatória do Estado, por meio do juiz, no julgamento obrigatório do cumprimento do testamento.

Como regra geral, a perda da propriedade pela venda (alienação) do bem imóvel, resulta de ato jurídico bilateral, no qual uma pessoa, à titulo oneroso, ao transferir definitivamente a outrem a propriedade de um bem imóvel, perde-a em favor daquele com o registro do ato – escritura pública de venda e compra – no Registro de Imóveis, registro este que consolida tal perda.

Não se incluem em perda da propriedade os atos de promessa de venda e compra de bem imóvel, celebrados por escritura pública ou por instrumento particular, nem tampouco os atos de cessão de direitos ou de promessa de cessão de direitos, firmados por título público ou por contrato particular, exatamente porque nestes casos a propriedade, o domínio que o titular têm sobre o bem imóvel prometido à venda ou objeto de sua cessão de direitos, ou mesmo de promessa de cessão de direitos, ainda se conserva na figura de seu titular até a definitiva alienação. Com o cumprimento das condições da promessa ou mesmo da cessão ou da promessa de cessão, verifica-se a transferência definitiva da propriedade, onde se consolidará a perda.

Relevante aqui é lembrar a aquisição do direito real, por meio do direito do promitente comprador do imóvel, também reconhecido como compromissário comprador, de inédita concepção em nosso direito, como já vimos ao comentarmos a norma contida no inciso VII do art. 1.225.

Por outro lado, com relação ao abandono, a desistência de um direito, como conceitua De Plácido e Silva,[16] revela-nos a atitude tomada pelo proprietário de deixar de exercer sobre a coisa seu direito dominial, donde perdê-la-á sempre que deixar de reclamá-la nos termos ou prazos regulamentares.

Nesse sentido, já vimos e comentamos aqui a hipótese a que alude o art. 1.263 do Código Civil, em que a coisa abandonada, coisa sem dono, *res nullius*, gerará direito de propriedade em favor de alguém, o que, *mutatis mutandis,* resultará em perda da propriedade em detrimento de outrem, como também vimos e comentamos as conseqüências do abandono, que acabam permitindo, em virtude da inércia do proprietário, a perda da propriedade, como nos casos de usucapião.

Cumpre consignar, outrossim, que há casos típicos de abandono que não implicam transferência de propriedade da coisa, como vemos na legislação aduaneira. O abandono da mercadoria na Alfândega não tem o caráter do abandono liberatório regulado pelo Direito Marítimo, nem se apresenta como qualquer dação em pagamento, pois o proprietário da mercadoria abandonada não perde inteiramente sua propriedade, mesmo porque lhe assiste o direito de receber o saldo eventual da venda que for feita em leilão, além do que se, em tempo hábil, pagar os direitos devidos pela hospedagem da mercadoria nos depósitos alfandegários, pode recuperar a sua posse, vale dizer, não perde a propriedade sobre a coisa.

Tal figura jurídica diferencia-se, assim, da regra geral de perda da propriedade da coisa pelo abandono.

No tocante à perda da propriedade por perecimento da coisa, temos a considerar os casos em que o bem deixa de existir, seja em razão de sua destruição, seja de sua extinção.

---

[16] DE PLÁCIDO E SILVA. *Vocabulário jurídico*. 3. ed. Rio de Janeiro: Forense, 1973. v. 1.

O perecimento das coisas revela-se na sua destruição, que a extingue, como também na perda das qualidades que lhe são essenciais, também denominada de deterioração.

Desse modo, no sentido jurídico, haverá perecimento, como causa da perda da propriedade, toda vez que a coisa deixa de ter existência legal em razão da destruição de caracteres que lhe são próprios ou dos próprios elementos materiais que a compõem.

Muitas ocorrências naturais – terremotos, maremotos, incêndios não provocados – acabam determinando o perecimento do bem imóvel, que acaba sendo destruído, deixando, assim, de ter existência legal. Também fenômenos naturais geram o perecimento de bens materiais móveis, como os alimentos, que, perdendo as suas qualidades essenciais, acabam perecendo, seja pela exposição prolongada ao calor, seja por falta do necessário congelamento.

Por outro lado, o legislador contemplou a perda da propriedade, pela desapropriação.

Com efeito, desapropriar é ato de se apropriar, tirando de alguém a propriedade sobre o bem imóvel: aquele de quem é tirada a coisa, perde-a.

Tal ato é manifestação unilateral de vontade, historicamente jurídico-administrativa, por força do qual a autoridade pública, de natureza originária de poder – União, Estados, Distrito Federal, Territórios, Municípios, Autarquias e demais entidades de caráter público, criadas por lei –, mediante a expressa declaração de necessidade ou utilidade pública da propriedade, em detrimento do domínio particular, ou mesmo tendo em vista o interesse social, que se sobrepõe ao individual, causam ao proprietário a perda de sua propriedade.

Não obstante a tradicional natureza jurídico-administrativa, decorrente da norma legal que ampara e tutela os procedimentos de desapropriação – Decreto-Lei 3.365/1941, com o advento do atual Código Civil passamos a ter o procedimento de desapropriação judicial civil, que já vimos e analisamos.

Assim, em razão da ocorrência das hipóteses legais já mencionadas, a pessoa perderá a propriedade de seu bem imóvel, seja para as entidades de natureza originária de poder, seja também para outra pessoa, ou para um número substancial de pessoas, quando a função social da propriedade falar mais alto do que os particulares interesses de proprietário.

Surge, assim, no direito civil, a perda social da propriedade particular em razão de função social atribuída à mesma por outrem, mediante o procedimento de desapropriação judicial, que em nosso anterior direito civil sequer se cogitava.

Passando às disposições do art. 1.276 do Código Civil brasileiro e de seu § 1º, temos aqui, também com parcial ineditismo legislativo, a hipótese de abandono de propriedade, considerada, assim, como uma propriedade vaga, coisa sem dono, gerando a arrecadação desse bem imóvel com a determinação de posterior transferência da propriedade, decorrido o lapso temporal de três anos, ao Município ou ao Distrito Federal onde se localizar, se urbana, e à União, se rural, onde quer que esteja.

O que temos de relevante na norma ora cogitada, para se considerar abandonada a propriedade, susceptível, assim, de ser arrecadada, de um lado é a total ausência de intenção do proprietário de não mais conservar a propriedade em seu patrimônio, como também, por outro lado, a inexistência de posse de outrem sobre a propriedade, o que jamais caracterizaria abandono, na estrita disposição legal.

Mesmo que a propriedade tenha, da parte de outrem, atos de posse, impeditivos da caracterização de abandono, a regra constante de seu § 2º vai mais além, agasalhando futura arrecadação, ao considerar que se presumirá, de modo absoluto, a intenção do proprietário de não mais conservar a propriedade em seu patrimônio, quando se verificar ausência de pagamento dos ônus fiscais incidentes sobre a propriedade.

Tal presunção considerada pelo legislador chama a atenção, uma vez que em muitos casos poderá estar diretamente ligada à impossibilidade de pagá-los e não à intenção de não liquidá-los, o que poderá ser objeto de pertinente discussão judicial em favor do inadimplente.

Dos Direitos de Vizinhança

Antes de enfocarmos, nas seções seguintes, as complexas hipóteses de uso regular ou anormal da propriedade; os casos de respeito e desrespeito ao meio ambiente; as hipóteses de acessos à propriedade, seja de forma normal ou forçada, em solo, subsolo ou mesmo pelo ar; as condições de obediência aos limites entre as propriedades e as disposições atinentes ao direito de construir, temos que conceituar o que se entende por direito de vizinhança.

Com efeito, direito de vizinhança, forma mais abrangente de se dizer direito do vizinho, no sentido jurídico, é todo o conjunto de normas legais que, de certa forma, restringem os direitos individuais dos proprietários, com o objetivo de evitar o nocivo uso da propriedade por determinada pessoa ou coletividade, em detrimento de outrem.

No direito de vizinhança, disciplinam-se o que os romanos chamavam de *jura vicinitatis,* mesmo porque, entre si, guardam, pela proximidade em que se encontra seu patrimônio, inteira sintonia, seja em relação ao posicionamento de suas propriedades, seja em relação às posturas a que cada um deve se sujeitar em relação ao poder público municipal, que, nas cidades, também as disciplina, seja, enfim, para impedir que o mau uso da propriedade vizinha possa prejudicar a saúde, a segurança, o bem-estar – tranqüilidade e sossego –, em resumo, a vida normal das pessoas que ali habitam.

Do Uso Anormal da Propriedade

Nosso legislador determina que

> *"O proprietário ou o possuidor de um prédio tem o direito de fazer cessar as interferências prejudiciais à segurança, ao sossego e à saúde dos que o habitam, provocadas pela utilização de propriedade vizinha",*

resultante da norma contida no art. 1.277.

De início, relevante é detalhar as ofensas à segurança das pessoas propriamente ditas e à segurança de sua propriedade.

Assim, temos o direito das pessoas de fazer cessar atividades vizinhas que apresentem risco de violência, causando insegurança pessoal – propriedade vizinha de Distrito Policial com grande número de criminosos perigosos –, atividades vizinhas nocivas à segurança física, aliada à edificação que, por si só, também gerará insegurança pessoal, risco de vida em razão de desabamento de seu prédio, como vemos em atividades lindeiras de uma indústria de explosivos, ou mesmo de vizinha indústria metalúrgica, de produção de material pesado, que provoque grandes trepidações, de sorte a causar profundas trincas em sua propriedade.

Ademais, temos os casos de propriedade em que há armazenamento, por longo tempo, de material pesado, provocando grandes recalques no terreno, causando ao prédio vizinho ameaça de desabamento.

Não poderemos deixar de considerar os mais expressivos exemplos que embasam as inúmeras ações judiciais de nunciação de obra nova, como as hipóteses de construções inadequadas, sem a tomada de qualquer cautela em relação ao prédio vizinho, o que veremos amplamente quando comentarmos, na seção pertinente, as disposições atinentes ao direito de construir, à luz dos arts. 1.299 a 1.313.

No que concerne às ofensas ao bem estar das pessoas – sossego e tranqüilidade –, temos a produção de altos ruídos, também chamados de barulhos exagerados, que acabam perturbando ou mesmo molestando o sossego e a tranqüilidade dos moradores vizinhos, com gritarias exacerbadas, brigas, desordens, festas ou bailes perturbadores do silêncio aceitável, barulho ensurdecedor proveniente de uma indústria vizinha, transmissões externas de radiodifusão, com utilização de alto-falantes de grande potência nas proximidades de residenciais ou de hospitais e inúmeros outros.

Com relação aos atos nocivos à saúde física ou mental, temos o exemplo da presença vizinha de indústria ou comércio de produtos altamente tóxicos, com emanações de venenosos gases, as exalações de gases fétidos, ou mesmo os cada vez mais comuns casos de poluição das águas pelo lançamento nestas, por residências ou indústrias vizinhas, de resíduos tóxicos, de substanciais putrefatas ou de esgotos fétidos, causando males, muitas vezes irreparáveis, à saúde das pessoas.

Não obstante as hipóteses acima mencionadas, cuidou o legislador no parágrafo único do art. 1.277 de considerar, para a fixação de ditas proibições, *"a natureza da utilização, a localização do prédio, atendidas as normas que distribuem as edificações em zonas e os limites ordinários de tolerância dos moradores da vizinhança".*

Com efeito, atividades profissionais ruidosas, como a dos músicos, dos DJ, dos programadores musicais, sempre deverão ser levadas em consideração, para se opor à mera reclamação despida do bom senso, que o legislador adjetivou e denominou de comportamento ordinário tolerante.

Ademais, a própria localização de um prédio, situado em zona estritamente residencial, afastará, de plano, a nociva atividade perturbadora gerada, por exemplo, por uma pequena indústria clandestina ali sediada.

Dentro do mesmo requisito normativo em questão, não podemos deixar de mencionar que, nas áreas urbanas, notadamente nas grandes cidades com numerosa população, já existem leis municipais definindo empreendimentos comerciais, industriais ou mesmo condomínios residenciais e suas atividades, os quais, para a sua aprovação, dependem de um estudo de impacto do direito de vizinhança; nas áreas não urbanas, também existe farta legislação que disciplina a possibilidade da existência ou não de empreendimentos, sempre dependentes de um estudo prévio de impacto ambiental.

Quanto à definição de limites ordinários de tolerância dos moradores vizinhos, imperioso é aqui, em primeiro lugar, deixar consignado que somente conseguiremos atingir o bom senso, termômetro norteador da aplicação do princípio da tolerância, quando adquirirmos a plena cidadania, dotada de ampla aplicação dos princípios de educação, de civilidade e de sociabilidade, ou, no dizer dos sábios, o inteiro conhecimento do início do direito alheio, na mesma oportunidade em que se reconhece o término do direito próprio.

Temos plena convicção que a jurisprudência deverá bem decidir até onde vão os limites ordinários de tolerância, à luz da observância contínua da prática da normalidade sadia nos atos dos cidadãos de bem, estritamente ligada à prática do bom senso, para a aplicação, ou não, aos moradores vizinhos das restrições objeto do art. 1.277 e seu parágrafo único.

O direito normatizado no art. 1.277, conforme dispõe o legislador pátrio no art. 1.278:

> *"não prevalece quando as interferências forem justificadas por interesse público, caso em que o proprietário ou o possuidor, causador delas, pagará ao vizinho indenização cabal".*

Com efeito, temos aqui inédita disposição legal civil, donde se vê a garantia e a prevalência do interesse público em detrimento do interesse particular, sem qualquer correspondência no Código Civil de 1916.

Podemos exemplificar com a hipótese do proprietário, instado por autoridade a realizar obras de interesse público, com prova cabal dessa solicitação, que interfira no sossego e na tranqüilidade de seu vizinho. Não poderá vir a ser acionado por seu vizinho para cessar as interferências prejudiciais ao sossego ou à tranqüilidade, em face do que cogita o art. 1.278, mas deve, a *posteriori*, pagar ao vizinho a indenização.

Dentro do mesmo espírito de tentar gerar equilíbrio, flexibilizando os interesses dos perturbados em relação aos dos perturbadores, o legislador norteou-se pelo bom senso ao disciplinar que, pela regra contida no art. 1.279,

> *"Ainda que por decisão judicial devam ser toleradas as interferências, poderá o vizinho exigir a sua redução, ou eliminação, quando estas se tornarem possíveis".*

Tal norma, também sem correspondência legislativa anterior, representa o primeiro e grande passo em nosso direito civil a incentivar, mercê da compreensão, a busca da conciliação, ainda que sob novo procedimento judicial, entre os vizinhos, uma vez que, mesmo com sentença ordenatória, contrária à intolerância, é assegurado ao vizinho intolerante, desde que possível, exigir sua redução ou eliminação. Em nossa sociedade, muitas pessoas abdicam do diálogo, objetivo supremo para atingir o consenso social, sem vitórias ou derrotas, optando por simplesmente litigar, com o objetivo de aclamar vencedores ou mesmo perdedores, com o que, nos tempos atuais, já no terceiro milênio, não podemos concordar.

Porém, ainda que se permita discutir a gradação dessa intolerância, já é um substancial passo a incentivar a jurisprudência a nos demonstrar, mais uma vez, que o direito é a ciência do bom senso, no lecionar de Washington de Barros Monteiro.

A proteção constante do art. 1.280, no sentido de que

> *"o proprietário ou o possuidor tem direito a exigir do dono de prédio vizinho a demolição, ou a reparação deste, quando ameace ruína",*

bem como a tutela inerente à obrigação de prestar-lhe caução pelo dano iminente, é instituto de defesa da propriedade e, ao mesmo tempo, de proteção às pessoas que nela habitam.

Temos aqui a normatização da ação intimidatória do proprietário ou do possuidor, lastreada em documentos técnicos, plantas, laudos, pareceres, para que o vizinho paralise construção em curso, que prejudica o seu interesse, ou mesmo para proteção à ordem pública, vale dizer, para que não continue construindo, sob pena de embargo da obra até decisão final.

Tal pedido corresponde à ação de nunciação de obra nova, procedimento que compete a toda pessoa que se vê prejudicada na natureza ou substância de sua propriedade ou posse, e, em servidões e afins, por obra nova em prédio vizinho.[17]

Essa proteção está assegurada nos arts. 934 a 940 do Código de Processo Civil, podendo ser concedida liminar em favor do reivindicante se presentes os pressupostos da tutela cautelar, quais sejam, o *fumus boni juris* (fumaça do bom direito) e o *periculum in mora* (risco da extinção, do perecimento do direito), com a concessão *initio litis* do embargo da obra nova, conforme lhe faculta o art. 937 do Código de Processo Civil.

Ademais, cumpre aqui destacar que tal tutela jurisdicional atinge: o embargo da obra nociva, o pedido para a sua demolição e o preceito indenizatório a reparar os danos causados ao proprietário vizinho.

---

[17] DE PLÁCIDO E SILVA. *Op. cit.* v. 3.

Com efeito,[18] na ação de nunciação de obra nova há cumulação objetiva: a ação de embargo da obra, que é mandamental; a demolição à custa do nunciado, que é executivo-condenatória; a de cominação da pena para o caso de infração do preceito, que é condenatória eventual; e a de indenização, que é condenatória, ou, de regra, executiva.

Também não vale em favor do infrator o argumento de que a obra fora licenciada pela Municipalidade, simplesmente porque o licenciamento é ato administrativo, que não se presume liberatório dos deveres contratuais, por isso que sempre contém ressalva implícita dos direitos dos vizinhos. A aprovação da planta de construção pela Prefeitura, com bem ponderado em arresto do Tribunal de Alçada,[19] não tem conseqüência alguma não só porque esta não entra na apreciação de possíveis ofensas a direitos de vizinhos como porque, de qualquer modo, não poderia ela revogar cláusulas de um contrato lícito, livremente firmado por particulares e que é *res inter alios.*

A regra contida no art. 1.281 é clara, impositiva e bem adequada, porquanto o proprietário ou o possuidor de um prédio em que alguém tenha direito de fazer obras, pode, no caso de dano iminente, exigir de seu autor as necessárias garantias contra o prejuízo eventual.

Com efeito, se para a pintura e reparação em seu prédio tenha o proprietário necessidade de ingressar no imóvel vizinho, não pode o confrontante simplesmente impedi-lo, mormente quando se cogita de um direito que tem o vizinho de realizar tal obra.

Entretanto, sem prejuízo do não cerceamento, poderá exigir garantias daquele realizador das obras, como a caução, por exemplo, contra eventuais futuros prejuízos, sem que tal exigência se opere em favor da recusa.

Além das medidas judiciais já aqui comentadas para a defesa do nocivo uso da propriedade, temos outras a dirimir esses conflitos de vizinhança, tais como os preceitos obrigacionais de fazer ou de não fazer, com as peculiaridades do art. 461 e seus parágrafos, do Código de Processo Civil, como também as medidas objetivando o desfazimento

---

[18] MIRANDA, Francisco Cavalcanti Pontes de. *Comentários ao Código de Processo Civil.* 2. ed. Rio de Janeiro: Forense, 1977. t. XIII, p. 325.

[19] RT 226/373.

de obra, resultantes do § 5º do aludido art. 461 e do inciso III do art. 921, do mesmo diploma legal adjetivo.

Das Árvores Limítrofes

A regra contida no art. 1.282 estabelece que

> *"A árvore, cujo tronco estiver na linha divisória, presume-se pertencer em comum aos donos dos prédios confinantes".*

Daí, se deflui que, se for arrancada por qualquer um dos donos, deverá ela ser repartida entre os proprietários confinantes, como também se dividirão igualmente entre eles os custos inerentes a essa eventual derrubada.

Além disso, depreende-se que, igualmente entre os confinantes, também serão partilhados seus frutos, assim como os eventuais rendimentos da colheita.

No que concerne à plantação de árvores daninhas na divisa entre propriedades confinantes, isso pode vir a ser considerado uso nocivo da propriedade, justificando-se a sua remoção, exatamente por causar danos à propriedade vizinha.

Também caracterizam uso nocivo da propriedade, nos termos do art. 1.283,

> *"As raízes e os ramos de árvores que ultrapassarem a estrema do prédio"*

poderão ser cortados pelo proprietário do prédio invadido até o plano vertical divisório.

Tal dispositivo não exige qualquer justificativa para motivar o corte, nem tampouco a prova da existência de qualquer dano ao prédio invadido, tratando-se, como diz Cunha Gonçalves,[20] de caso de justiça privada.

---

[20] GONÇALVES, Cunha. *Tratado de direito civil.* In: MONTEIRO, Washington de Barros. *Op. cit.* p. 26.

O exercício desse direito, como bem leciona Washington de Barros Monteiro,[21] não se subordina a qualquer formalidade, como prévia reclamação, aviso ao dono da árvore e lesão jurídica.

No que concerne aos frutos caídos naturalmente de árvore do terreno vizinho, pertencem ao dono do solo onde caíram, se este for de propriedade privada, à luz do que estabelece o art. 1.284, não se permitindo, obviamente, que o vizinho provoque a queda de seus frutos, sacudindo a árvore, para se beneficiar da colheita em seu solo. Nesse caso, deverá colhê-los e devolvê-los ao seu dono.

Tal disposição confirma o que Clóvis Beviláqua estabeleceu na legislação anterior, art. 557 do Código Civil de 1916, onde se manteve o princípio de coibir contendas judiciais, que fatalmente surgiriam, com a entrada do dono da árvore no terreno vizinho para apanhar os frutos ali caídos.

Por outro lado, imperioso é comentar que se os frutos vierem a cair em propriedade pública, numa praça, por exemplo, o proprietário da árvore conserva a propriedade dos frutos ali caídos, cometendo furto quem dos mesmos se apropriar.

Da Passagem Forçada

Temos aqui o direito assegurado ao proprietário que não tem qualquer acesso à via pública, nascente ou porto, de obter uma passagem forçada, através da propriedade vizinha alheia, porque sua propriedade, encontrando-se encravada entre as demais, torna impossível o sagrado exercício do direito de ir e vir. Além disso, tal direito decorre da necessidade econômica de utilizar a propriedade encravada.

Assim, estabelece o art. 1.285, que

> *"O dono do prédio que não tiver acesso a via pública, nascente ou porto, pode, mediante pagamento de indenização cabal, constranger o vizinho a lhe dar passagem, cujo rumo será judicialmente fixado, se necessário".*

---

[21] MONTEIRO, Washington de Barros. *Op. cit.* p. 140-141.

Tal figura, assim, da passagem forçada indenizável, equivale, grosso modo, a uma *desapropriação por interesse particular*, na qual os rumos estabelecidos de forma a causar menores sacrifícios daquele que sofrerá, à luz do dispositivo legal em causa, a imposição do encargo indenizatório, devendo sofrer o sacrifício maior o vizinho cujo prédio mais facilmente se prestar à passagem, conforme o disposto em seu § 1º.

Relevante também é comentar, sobre a passagem forçada, o fundamento social que a permissão encerra, de tal sorte que sempre prevaleça o princípio da solidariedade nas relações de vizinhança, sem proibições, ainda que se sujeite o proprietário ao constrangimento de viabilizar a passagem, em seu terreno, do proprietário vizinho, mesmo que ainda seja obrigatória a indenização da parte do proprietário encravado para obter tal acesso.

Ademais, o interesse social exige que se estabeleça passagem forçada para que o imóvel encravado se torne produtivo, solucionando, por exemplo, a dificuldade natural do terreno encravado, impossibilitado de escoar produção agrícola. Assim, a permissão de passagem forçada por terreno de vizinho guarda sintonia com o interesse social no consumo do que foi produzido em terreno encravado.

Tal permissivo legal – a passagem forçada – não deve ser confundido com o instituto da servidão, ainda que se tente considerá-lo como espécie de servidão legal, como também não se constitui servidão de passagem, de trânsito ou servidão de caminho.

Na devida oportunidade em que discorrermos sobre os institutos inerentes às servidões, sejam legais, sejam convencionais, comentando seus pertinentes dispositivos – arts. 1.378 a 1.389 –, voltaremos a essas questões.

Nos §§ 1º, 2º e 3º do art. 1.285 temos as hipóteses de aplicação concreta do princípio inerente à passagem forçada.

Com efeito, no § 1º,

> *"Sofrerá o constrangimento o vizinho cujo imóvel mais natural e facilmente se prestar à passagem"*.

Vale dizer, a propriedade vizinha que mais facilmente for dotada de recursos a permitir tal acesso, obedecendo-se, assim, ao princípio da conveniência e oportunidade, estritamente ligados à objetividade e à praticidade.

Já o § 2º cuida da hipótese em que,

> *"Se ocorrer alienação parcial do prédio, de modo que uma das partes perca o acesso a via pública, nascente ou porto",*

obrigar-se-á o proprietário da outra a tolerar a passagem, assim necessária.

Nesse sentido, o legislador estabelece a uma das partes, aquela que se mantém sem perder o acesso, a obrigação de tolerar a passagem forçada em favor daquela que perdeu tal acesso, sem se cogitar da forma pela qual se realizou a parcial alienação do prédio.

Quanto ao § 3º, temos o reconhecimento da aplicação das disposições do parágrafo anterior,

> *"ainda quando, antes da alienação, existia passagem através de imóvel vizinho, não estando o proprietário deste constrangido, depois, a dar uma outra".*

Encontramos inúmeras discussões atinentes a esta hipótese, que guarda parcial correspondência legislativa nos arts. 559 e 560, do Código Civil de 1916, vendo-se diversos litígios e ações negatórias de passagem forçada, sendo certo que, a teor da norma atual vigente, espera-se da jurisprudência decisões coerentes com esses inovadores princípios legais.

Da Passagem de Cabos e Tubulações

Com o avanço célere do desenvolvimento urbano, permeado de contínuas obras públicas tendentes a melhorar e a modernizar as condições de infra-estrutura básica das cidades, notadamente as metrópoles intensamente povoadas, de forma desordenada, cuidou o legislador de inserir os presentes dispositivos legais, sem qualquer correspondência legislativa anterior, a tutelar as relações entre os proprietários de terrenos vizinhos, na eventual passagem de cabos e tubulações em seus subsolos, decorrentes de obras públicas.

Com efeito, reza o art. 1.286 que

> *"Mediante recebimento de indenização que atenda, também, à desvalorização da área remanescente, o proprietário é obrigado a tolerar a passagem, através de seu imóvel, de cabos, tubulações e outros condutos subterrâneos de serviços de utilidade pública, em proveito de proprietários vizinhos, quando de outro modo for impossível ou excessivamente onerosa".*

Nas obras ou serviços públicos, vemos aqui a inteira compatibilização entre a tolerância do particular, em estrita sintonia com a consolidação do interesse público presente, para, sobrepondo-se ao interesse privado, vir a atender o interesse de outrem, onde a composição da indenização, em favor daquele que se obriga a compadecer-se com o interesse maior, assegura o equilíbrio econômico, mas submete o particular à exigência da realização dos serviços de utilidade pública.

E seu parágrafo único estabelece que

> *"O proprietário prejudicado pode exigir que a instalação seja feita de modo menos gravoso ao prédio onerado, bem como, depois, seja removida, à sua custa, para outro local do imóvel".*

Neste particular, vemos consagrados princípios de atenuação, conferidos em favor de quem se submeteu ao interesse maior.

A jurisprudência encarregar-se-á de fixar os limites da indenização, como também os parâmetros indenizatórios atinentes à desvalorização da área remanescente, de que aqui se cogita, bem como a extensão da exigência que torne menos gravoso o prédio sob o qual se realizaram as obras e ou serviços de interesse público.

No tocante às disposições do art. 1.287, vemos que

> *"Se as instalações oferecerem grave risco, será facultado ao proprietário do prédio onerado exigir a realização de obras de segurança".*

Em decorrência dessa expressa disposição legal, passamos, com muito acerto, a ver em nosso direito, por ilação e em decorrência de outros institutos do direito civil vigente, medidas específicas de obrigações de fazer, extensivas até aos casos nunciatórios, do direito do particular de exigir do outro a realização imediata de obras inerentes ao restabelecimento da segurança.

Por outro lado, em todas essas hipóteses legais, vemos também algumas semelhanças com a servidão de passagem, porém dizendo respeito apenas às tubulações e outros condutores subterrâneos de serviços públicos, sejam eles serviços de gás, de energia, de telefonia ou mesmo de transporte férreo subterrâneo, como as obras de construção do metrô.

Das Águas

Todas as questões relativas às águas são de extrema relevância ao mundo das pessoas e das coisas, seja porque é a água a substância essencial à continuidade da vida na terra, das pessoas e das coisas, seja porque, em conseqüência de sua existência, a água representa o veículo propulsor da prosperidade humana, no tocante ao atendimento das necessidades básicas de todos e ao desenvolvimento da economia social.

Com água, potável ou não, fluidificada ou não, salgada ou doce, de rio ou de mar, sempre teremos progresso, até por suas qualidades energéticas, seja no trato da terra fértil ou do pasto no campo, imprescindível à agricultura e à pecuária, seja no desenvolvimento das navegações que, por seu intermédio, aproximam os povos, além do que, mercê das relações de comércio – importação e exportação –, continuam estreitando os laços dos povos e aproximando os produtos das pessoas que deles necessitam para sua sobrevivência e seu progresso.

Não obstane a todo esse caráter, o nosso Código Civil reservou poucas disposições atinentes a essa matéria.

As águas bem captadas e distribuídas têm extrema utilidade ao homem, o que não podemos dizer nos casos de seu uso inadequado, ou mesmo de descuido e abandono, que podem apresentar conseqüências danosas à pessoa e ao meio ambiente.

Nesse sentido, cumpre destacar que o Código de Águas (Decreto 24.643/1934) também deve ser fonte de pesquisa e estudo.

No ambiente do direito das coisas, nosso Código Civil trata das águas nos arts. 1.288 a 1.296, sempre observando o tradicional conceito da física e da natureza de que, sem o concurso da pessoa ou a intervenção artificial, a água não corre para cima.

Assim, a teor da norma do art. 1.288,

> *"O dono ou o possuidor do prédio inferior é obrigado a receber as águas que correm naturalmente do superior, não podendo realizar obras que embaracem o seu fluxo; porém a condição natural e anterior do prédio inferior não pode ser agravada por obras feitas pelo dono ou possuidor do prédio superior".*

Nesse sentido, em primeiro lugar, devemos ressaltar que é obrigação do proprietário de prédio inferior, e, não do dono do prédio superior, preservar sua propriedade de eventuais desabamentos, evitando as conseqüências naturais dos deslocamentos das águas pluviais, como, por exemplo, a obrigação do proprietário inferior de construir muro de arrimo para conter deslizamentos de terra, em razão do curso natural das águas.

Entretanto, relevante também é considerar, em segundo lugar, que o proprietário de prédio superior não pode realizar obras que agravem a condição anterior do prédio inferior.

Assim, podemos encontrar casos em que, dadas as condições de uma velha edificação vizinha em prédio inferior, esta não suporte novas obras de fundação profunda e pesada, edificada por vizinho de propriedade superior, sob pena de se abalar toda a sua edificação, o que aquele deve evitar a fim de não agravar a situação do prédio vizinho inferior.

Para o deslinde de inúmeras questões dessa natureza, levadas hodiernamente ao Poder Judiciário, o juiz sempre deverá se basear em laudos e pareceres de cunho técnico e esclarecedor, para que se distribua a justiça.

Nos mesmos termos e com a mesma preocupação legislativa anterior (art. 564 do Código Civil de 1916), o contemporâneo legislador civil estabelece no art. 1.289 que

> *"Quando as águas, artificialmente levadas ao prédio superior, ou aí colhidas, correrem dele para o inferior, poderá o dono deste reclamar que se desviem, ou se lhe indenize o prejuízo que sofrer".*

Nada mais adequado, uma vez que a mão do homem, *in casu*, o proprietário do prédio superior, interveio, concorrendo, assim, no processo de curso das águas, cujo fluxo deixou, pois, de ser natural, podendo o vizinho de prédio inferior, prejudicado pelo artificial curso da água, exigir seu desvio ou a indenização que o curso desviado lhe tiver causado.

Também para a solução de inúmeras questões dessa natureza, o juiz sempre deverá se basear em laudos técnicos para corroborar a intervenção de obras e de pessoas – o proprietário vizinho de prédio superior ou quem quer que seja a mando deste – no curso natural das águas, para que se distribua bem o direito.

Podemos aqui vislumbrar a ação de obrigação de fazer, destinada a obrigar a realização da tarefa – obras de desvio da água –, cumulada com pedido indenizatório, e, para os casos urgentes, com o pedido de tutela antecipada em favor do pretendente, sob pena de, em havendo desobediência, ser aplicado, contra quem se reivindica, o devido preceito cominatório.

Quanto ao seu parágrafo único, estabeleceu o legislador, para a concreta hipótese de existir benefício, em razão das obras realizadas, em favor do proprietário de prédio vizinho inferior, que seja descontado da indenização que lhe cabe o valor de tal benefício.

Nada mais acertado, porquanto as obras custeadas pelo proprietário vizinho superior, ao ensejarem melhora na propriedade do vizinho inferior, não poderão tais benesses acrescer o valor indenizatório, mas, sim, deste devem ser deduzidas, sob pena de se proteger enriquecimento ilícito em favor deste.

Conforme o art. 1.290,

> *"O proprietário de nascente ou do solo onde caem as águas pluviais, satisfeitas as necessidades de seu consumo, não pode impedir, ou desviar o curso natural das águas remanescentes pelos prédios inferiores".*

De maneira semelhante, temos disciplinado tal disposição no Código de Águas (Decreto 24.643/1934), art. 90, onde tal proibição de desvio no curso natural das águas tem como enfoque as águas comuns ou as águas particulares.

Nesse aspecto, imperioso é não confundirmos o direito que assiste ao dono das águas de usá-las em sua totalidade, com a hipótese legal, que condiciona-o à necessidade de seu consumo.

Ao contrário, diversamente se define que se delas não necessitar, não lhe é dado o direito de suprimi-las.

Assim, se é certo que as nascentes pertencem ao dono da propriedade onde as mesmas se encontram, também não é certo que a propriedade sobre tais águas seja plena e exclusiva, mas, apenas, limitada, motivo pelo qual o dono de nascentes, atendidas as suas necessidades, não pode impedir o fluxo natural das águas remanescentes, também ditas supérfluas, para os prédios inferiores, realizando obras que impeçam o recebimento de ditas águas, bem como a sua fruição.

Caberá, sempre, ação contrária a essas obras, com determinação de sua cessação, em defesa do princípio de que é limitado o direito de propriedade sobre as águas remanescentes.

Ao passarmos às condições inerentes à qualidade das águas, vemos que o legislador pátrio no art. 1.291 proíbe, de forma absoluta, que o possuidor do imóvel superior polua as águas indispensáveis às primeiras necessidades da vida dos possuidores dos imóveis inferiores.

Na mesma disposição, encontramos a admissibilidade de tal nociva conduta poluidora para as demais águas não destinadas àquelas básicas necessidades.

Entretanto, neste caso, fica obrigado o ofensor a empreender todos os esforços para a recuperação da qualidade das águas, ressarcindo os danos que vier a causar, se não for possível tal recuperação ou o desvio do curso artificial das águas.

Não obstante termos plena ciência de que toda propriedade que possui água revela alta valorização comercial, o certo é que também temos visto inúmeros casos em que a presença da poluição nas águas, dizimando peixes, causando a morte dos rebanhos, impedidos de beber nos rios poluídos, acaba causando substancial desvalorização da propriedade.

Assim sendo, sempre caberá a medida judicial de proteção à saúde dos que habitam a propriedade, sejam as pessoas, sejam animais que ali vivem, contra o mau uso da propriedade pelo vizinho, em conformidade com o que já vimos, discorremos e comentamos sobre a disciplina jurídica prevista no art. 1.277.

Por outro lado, fica assegurado ao proprietário o direito de construir barragens, açudes ou outras obras para represamento de água em seu prédio, a teor do art. 1.292.

Porém, também à luz desse mesmo dispositivo legal, se tais águas invadirem prédio alheio,

> *"será o seu proprietário indenizado pelo dano sofrido, deduzido o valor do benefício obtido".*

Para exemplificar, temos os casos de inteira legitimidade do proprietário na construção de poços artesianos ou mesmo de açudes em certas regiões do país, represando as águas em seu terreno, para melhor utilização permanente, eis que em determinadas regiões a seca é fato climático dominante ao longo do tempo.

Quando tais obras acabarem invadindo terreno alheio, caberá ao proprietário obreiro indenizar o dano causado, deduzindo da indenização o valor do benefício, o que, dentro da temática do exemplo acima, poderá efetivamente causar danos, por exemplo, em edificações que venham a desabar, mas, ao mesmo tempo, pode ter gerado benefícios à prosperidade das plantações contíguas, sedentas de água do proprietário vizinho. Por isso, se devem deduzir da devida indenização, aqueles verificados benefícios.

Nada mais adequado, porquanto sejam as obras custeadas pelo proprietário vizinho superior, ao ensejarem melhorias na propriedade do vizinho inferior. Não poderão, entretanto, acrescer o valor indenizatório, mas, ao contrário, devem ser deduzidas, sob pena de se proteger enriquecimento ilícito em favor deste.

Com a mesma adequação dos dispositivos até aqui examinados, o legislador permite, conforme definido no art. 1.293 do Código Civil, e em sintonia com os dispositivos constantes do Código de Águas, *"a quem quer que seja, mediante prévia indenização aos proprietários prejudicados, construir canais, através de prédios alheios, para receber as águas a que tenha direito, indispensáveis às primeiras necessidades da vida, e, desde que não cause prejuízo considerável à agricultura e à indústria, bem como para o escoamento de águas supérfluas ou acumuladas, ou a drenagem de terrenos".*

Não obstante, limitada à prévia indenização por eventuais prejuízos causados a proprietários prejudicados e desde que se preserve a agricultura ou a indústria, ou mesmo se mantenha o escoamento de águas remanescentes ou a drenagem existente sobre ditos canais, pode qualquer pessoa buscar água, mediante a construção de canais, ditos aquedutos, seja ao nível do solo, seja de forma subterrânea, de sorte a conduzir a água, necessária à sua sobrevivência.

Sempre ao proprietário prejudicado, nos termos do § 1º do art. 1.293, assistirá o direito de reclamar indenização por futuros danos que lhe advierem, seja de infiltrações decorrentes de vazamentos em ditas tubulações, seja de irrupção, invasão súbita, das águas, seja de deterioração verificada nas obras destinadas a canalizá-las.

Por outro lado, consoante disciplinado em seu § 2º, o proprietário prejudicado, com o escopo de preservar construções já existentes, pátios, jardins, hortas ou quintais, pode exigir, daquele que necessita construir os referidos canais, que estes sejam subterrâneos, evitando, assim, que atravessem as referidas áreas, como também se determina, no § 3º, que tais aquedutos sejam edificados às expensas de seu dono, a quem incumbirá sempre mantê-los, suportando todas as despesas de conservação. Além disso, devem ser construídos de modo a causar o menor prejuízo aos proprietários dos imóveis vizinhos.

A norma contida no art. 1.294 é incisiva, equiparando o direito de aqueduto a todas as disposições atinentes à passagem de cabos e tubulações objeto dos arts. 1.286 e 1.287, aqui já comentados e que ao mesmo se aplicam.

No tocante ao dispositivo objeto do art. 1.295, temos, em primeiro lugar, o livre direito dos proprietários de cercarem os imóveis, independentemente da existência dos aquedutos, sem prejuízo à sua segurança e à sua conservação, como também, em segundo lugar, a extensão aos proprietários vizinhos do direito de usar as águas do aqueduto para as suas primeiras necessidades de vida.

Já no que concerne ao art. 1.296, temos os casos de existência nos aquedutos de águas supérfluas, o que permitirá a outras pessoas delas se utilizarem, para os fins já mencionados no art. 1.293, desde que indenizem os proprietários prejudicados e o dono do aqueduto na importância equivalente às despesas que seriam despendidas com a condução das águas até o ponto de derivação, tendo preferência para a hipótese legal cogitada, à luz de seu parágrafo único, os proprietários dos imóveis atravessados pelo aqueduto.

Dos Limites entre Prédios e do Direito de Tapagem

Temos aqui as disposições legais que asseguram ao proprietário o direito de obrigar o seu confinante a proceder à demarcação entre os dois prédios, estabelecendo, assim, a linha divisória entre eles, valendo-se da ação petitória de demarcação de terras, também chamada de ação demarcatória, prevista no art. 946 do Código de Processo Civil.

O pressuposto básico para a fixação dos limites entre as propriedades é a confrontação dos prédios particulares, não se cogitando dessa medida quando vias públicas localizarem-se entre eles. No dizer de Pontes de Miranda,[22] a ação de demarcação tem por fito simplesmente reavivar os rumos existentes, ou fixar os que deveriam existir.

Com efeito, edita a norma contida no art. 1.297,

> *"O proprietário tem direito a cercar, murar, valar ou tapar de qualquer modo o seu prédio, urbano ou rural, e pode constranger o seu confinante a proceder com ele à demarcação entre os dois prédios, a aviventar rumos apagados e a renovar*

---

[22] MIRANDA, Francisco Cavalcanti Pontes de. *Op. cit.* t. XIII, p. 413.

marcos destruídos ou arruinados, repartindo-se proporcionalmente entre os interessados as respectivas despesas".

E, em seu § 1º, vemos que

"Os intervalos, muros, cercas e os tapumes divisórios, tais como sebes vivas, cercas de arame ou de madeira, valas ou banquetas, presumem-se, até prova em contrário, pertencer a ambos os proprietários confinantes, sendo estes obrigados, de conformidade com os costumes da localidade, a concorrer, em partes iguais, para as despesas de sua construção e conservação".

Já no que toca ao seu § 2º,

"As sebes vivas, as árvores, ou plantas quaisquer, que servem de marco divisório, só podem ser cortadas, ou arrancadas, de comum acordo entre proprietários".

E seu § 3º disciplina que

"A construção de tapumes especiais para impedir a passagem de animais de pequeno porte, ou para outro fim, pode ser exigida de quem provocou a necessidade deles, pelo proprietário, que não está obrigado a concorrer para as despesas".

Para a solução dos conflitos resultantes desta norma, a ação real que decorre desse direito de vizinhança, a demarcatória, está regulada pelo art. 946, inciso I, do Código de Processo Civil, podendo atingir tanto os prédios rurais quanto os urbanos e seus procedimentos estão capitulados nos arts. 950 a 966 do aludido diploma legal adjetivo.

Relevante deixar consignado que, na aludida ação, a demarcação será feita com base nos títulos de propriedade dos confinantes, sendo certo, entretanto, que, na impossibilidade de fixar limites com base em seus títulos de propriedade, verificar-se-á, então, a posse de fato que cada qual vinha exercendo sobre o imóvel a demarcar limites, conforme definido no art. 1.298, onde se disciplina que

> *"Sendo confusos, os limites, em falta de outro meio, se determinarão de conformidade com a posse justa; e, não se achando ela provada, o terreno contestado se dividirá por partes iguais entre os prédios, ou, não sendo possível a divisão cômoda, se adjudicará a um deles, mediante indenização ao outro".*

Não se cogita aqui de disputa, de reivindicação da propriedade, cuja discussão terá sede em ação de reivindicação do domínio, também chamada de ação reivindicatória, mas, tão somente, de fixar os limites entre as propriedades.

Nesse sentido, temos que,[23] se a linha divisória existente não corresponde aos limites e não há outros limites devidamente definidos no terreno, cabível é a ação demarcatória. A reivindicatória supõe a perfeita individuação da coisa, e para tanto é adequado o pedido de demarcar.

Do Direito de Construir

Existem inúmeros tratados, da lavra de eminentes juristas, nacionais e estrangeiros, seja no âmbito do direito civil, seja na esfera do direito administrativo, dadas as limitações que se verificam ao direito de construir, que, à saciedade, esgotam todo o assunto.

Nesse sentido, em decorrência da norma contida no art. 1.299, estabeleceu o legislador que

> *"O proprietário pode levantar em seu terreno as construções que lhe aprouver, salvo o direito dos vizinhos e os regulamentos administrativos".*

Assim, o que cada vez mais se vê presente nos dias de hoje, opondo-se ao livre direito que as pessoas têm de construir, é o direito dos vizinhos e as limitações administrativas.

---

[23] RSTJ. v. 13, p. 398.

Em relação ao primeiro, todas as restrições constantes do presente Capítulo, inerentes aos direitos de vizinhança – já aqui comentados –, que tutelam o uso nocivo da propriedade, cabem às limitações do direito de construir na propriedade privada, além do que passaremos, logo abaixo, a comentar as demais disposições restritivas pertinentes à espécie, contidas nos arts. 1.300 a 1.313.

Com relação ao segundo, vemos em nossa legislação administrativa, notadamente em relação às normas de proteção do uso do solo, nas grandes cidades, inúmeras restrições ao livre direito de construir, desde a preliminar adequação da obra a ser edificada à zona (residencial ou comercial, Z1, Z2, Z3 ou Z4) em que se encontra o terreno, até as exigências de recuos frontais, fundiais e laterais.

Além disso, temos as expressas restrições gerais da política urbana, definidas pela Constituição Federal, em seus arts. 182 e 183, e regulamentadas pela Lei 10.257, de 10 de julho de 2001(Estatuto da Cidade).

Ademais, estamos vendo no país diversos instrumentos que os Municípios passaram a adotar, exigindo dos proprietários posturas de fazer e de não fazer, objetivando sua adequação ao direito de construir, com objetivo de preservar o próprio solo, de melhor atender aos aspectos concernentes à manutenção do padrão arquitetônico da cidade, estabelecendo normas inerentes ao direito de construir em áreas privadas, como vemos em legislação urbana do Município de São Paulo, a Lei 11.732, de 14 de março de 1995 e seus decretos regulamentadores. A desapropriação de imóveis com pagamento de títulos cria outorga onerosa ao direito de construir, determinando, assim, para o melhor aproveitamento dos imóveis, formas de viabilização econômica, com recursos privados, para a expansão e desenvolvimento das próprias cidades.

Todas essas medidas legais existentes, de certa forma, cerceiam, a bem do interesse público, o livre direito privado de construir.

Passemos às restrições civis propriamente ditas. Com efeito, reza o art. 1.300 do Código Civil que

> *"O proprietário construirá de maneira que seu prédio não despeje águas, diretamente, sobre o prédio vizinho".*

Temos aqui a ratificação da proibição constante do art. 105 do Código de Águas, com correspondência legislativa no art. 575 do Código Civil de 1916.

Já o art. 1.301 veda ao proprietário

> *"abrir janelas, ou fazer eirado, terraço ou varanda, a menos de metro e meio do terreno vizinho".*

E seus §§ 1º e 2º detalham essas vedações legais. Com efeito, temos no § 1º:

> *"As janelas cuja visão não incida sobre a linha divisória, bem como as perpendiculares, não poderão ser abertas a menos de setenta e cinco centímetros".*

Ademais, no § 2º:

> *"As disposições deste artigo não abrangem as aberturas para luz ou ventilação, não maiores de dez centímetros de largura sobre vinte de comprimento e construídas a mais de dois metros de altura de cada piso".*

Nesse sentido, relevante também é aqui destacar que a privacidade e a intimidade das pessoas que habitam um prédio, devem, nos dias de hoje e, acima de tudo, ser observadas, porquanto a vida íntima, os privativos acontecimentos e as conversas privadas, adjetivos do mais amplo substantivo em que reside a liberdade da pessoas, somente interessam aos olhos e aos ouvidos próprios daqueles que ali vivem, não podendo estes sofrer constrangimentos da parte daqueles que habitam um prédio vizinho.

A medida de proteção legal ao vizinho prejudicado é a ação de nunciação de obra nova, que já comentamos anteriormente, valendo aqui acrescentar algumas de suas fundamentais características, vitais ao enfrentamento à construção nova que viola o prédio vizinho. Com efeito, não há como se socorrer desta medida judicial quando a obra nova que desatende aos requisitos legais já estiver concluída, porquanto o princípio basilar dessa proteção legal é a obra nova estar inacabada.

Temos inúmeros julgados que consolidam a tese de que consideram ainda inacabada a obra nova quando lhe faltem partes de sua estrutura, ou mesmo restem coisas ainda a edificar.

Assim, quando à obra nova falte apenas pintura final, arremates e acabamento decorativo, não pode ser considerada obra inacabada, não cabendo, pois, a medida legal nunciatória, mas, tão-somente, procedimento de indenização, com perdas e danos, se tal obra violou as disposições legais que estamos comentando.

Já as disposições constantes do art. 1.302 permitem ao proprietário, no lapso de ano e dia após a conclusão da obra,

> *"exigir que se desfaça janela, sacada, terraço ou goteira sobre o seu prédio; escoado o prazo, não poderá, por sua vez, edificar sem atender ao disposto no artigo antecedente, nem impedir, ou dificultar, o escoamento das águas da goteira, com prejuízo para o prédio vizinho",*

detalhando o seu parágrafo único os atos que o vizinho poderá realizar, ou seja,

> *"Em se tratando de vãos, ou aberturas para luz, seja qual for a quantidade, altura e disposição, o vizinho poderá, a todo tempo, levantar a sua edificação, ou contramuro, ainda que lhes vede a claridade".*

Vemos nestas disposições medidas corretas de proteção que passam a estabelecer a prática do bom senso, assegurando novos procedimentos e inovadoras atitudes da parte do vizinho violado em seu direito, determinando-se apenas adequações na obra do vizinho violador.

Tal disposição vem como "saída de efetivo bom senso", porquanto sempre deverá ser lícito ao proprietário vizinho, em vez de exigir a demolição inteira da obra infringente, determinar ao infrator que proceda a reparos para eliminar, de vez, apenas a parte que corresponde à verificada contravenção às normas reguladoras das relações de vizinhança.

No tocante às obras rurais, a teor do art. 1.303,

> *"não será permitido levantar edificações a menos de três metros do terreno vizinho".*

Tal norma é incisiva, taxativa, não comportando aqui outras considerações técnicas.

Podemos apenas ponderar que essa norma deve ter sido, efetivamente, inspirada para preservar, no campo, maior extensão de terras, agrícolas e pastoris, produtivas, sem a concorrência de inundações construtivas, estas inerentes às cidades.

Já nas cidades, cujas edificações estão sempre mais presentes, inclusive em face do êxodo rural, passamos a ter definições e restrições técnicas, cuidando o legislador de disciplinar no art. 1.304 que

> *"Nas cidades, vilas e povoados cuja edificação estiver adstrita a alinhamento, o dono de um terreno pode nele edificar, madeirando na parede divisória do prédio contíguo, se ela suportar a nova construção; mas terá de embolsar ao vizinho metade do valor da parede e do chão correspondentes".*

De outra parte, conforme preceitua o art. 1.305,

> *"O confinante, que primeiro construir, pode assentar a parede divisória até meia espessura no terreno contíguo, sem perder por isso o direito a haver meio valor dela se o vizinho a travejar, caso em que o primeiro fixará a largura e a profundidade do alicerce".*

E o seu parágrafo único estabelece que

> *"Se a parede divisória pertencer a um dos vizinhos, e não tiver capacidade para ser travejada pelo outro, não poderá este fazer-lhe alicerce ao pé sem prestar caução àquele, pelo risco a que expõe a construção anterior".*

Nesse sentido, não há como escapar da imperiosa necessidade de adaptação das posturas municipais a estas normas do Código Civil vigente.

No tocante ao disposto no art. 1.306, vemos que

> *"O condômino da parede-meia pode utilizá-la até ao meio da espessura, não pondo em risco a segurança ou a separação dos dois prédios, e avisando previamente o outro condômino das obras que ali tenciona fazer; não pode sem consentimento do outro, fazer, na parede-meia, armários, ou obras semelhantes, correspondendo a outras, da mesma natureza, já feitas do lado oposto".*

Já no que tange ao art. 1.307,

> *"Qualquer dos confinantes pode alterar a parede divisória, se necessário reconstruindo-a, para suportar o alteamento; arcará com todas as despesas, inclusive de conservação, ou com metade, se o vizinho adquirir meação também na parte aumentada".*

Por outro lado,

> *"Não é lícito encostar à parede divisória chaminés, fogões, fornos ou quaisquer aparelhos ou depósitos suscetíveis de produzir infiltrações ou interferências prejudiciais ao vizinho",*

a teor do art. 1.308.

E seu parágrafo único estabelece que

> *"A disposição anterior não abrange as chaminés ordinárias e os fogões de cozinha".*

No que concerne às referidas disposições dos arts. 1.306, 1.307 e 1.308, cumpre aqui considerar que, notadamente nas cidades interioranas, nos pequenos municípios e povoados, se revelam preocupantes os fatos ali existentes, de tal sorte que a jurisprudência se encontra repleta de contendas envolvendo as questões normatizadas, chegando mesmo a existir graves conflitos de natureza penal.

Quanto à norma contida no art. 1.309, são consideradas

> *"proibidas construções capazes de poluir, ou inutilizar, para uso ordinário, a água do poço, ou nascente alheia, a elas preexistentes".*

Além disso, à luz do art. 1.310,

> *"Não é permitido fazer escavações ou quaisquer obras que tirem ao poço ou à nascente de outrem a água indispensável às suas necessidades normais".*

Cumpre aqui considerar a importância das normas contidas nos arts. 1.309 e 1.310, mormente quando sabemos da gravidade dos problemas advindos da crescente escassez de água no país, onde se espera que a sociedade possa fazer valer as proibições constantes nas citadas normas, em benefício de todos que a integram.

Por outro lado, preceitua o art. 1.311:

> *"Não é permitida a execução de qualquer obra ou serviço suscetível de provocar desmoronamento ou deslocação de terra, ou que comprometa a segurança do prédio vizinho, senão após haverem sido feitas as obras acautelatórias".*

Nesse sentido, cumpre observar que, no caso de edifícios, pode ser fatal a conseqüência da não observância desta norma, como vimos nos casos dos prédios que desmoronaram no Rio de Janeiro, com a morte de inúmeras pessoas e perda total de bens materiais, dada a execução de obras e serviços com a aplicação de materiais inadequados e sem as imperiosas obras acautelatórias.

E o parágrafo único do art. 1.311 disciplina que

> *"O proprietário do prédio vizinho tem direito a ressarcimento pelos prejuízos que sofrer, não obstante haverem sido realizadas as obras acautelatórias".*

Já o taxativo e incisivo art. 1.312 estabelece que

> *"Todo aquele que violar as proibições estabelecidas nesta Seção é obrigado a demolir as construções feitas, respondendo por perdas e danos".*

Para a tutela das violações que ensejem determinar demolição, temos os já aqui comentados procedimentos inerentes ao direito de mandar desfazer a construção, cumulada com perdas e danos, não podendo nos esquecer que, em certos casos, a ação de nunciação de obra nova poderá exigir, em conseqüência da hipótese verificada, a própria demolição parcial ou não do que estiver desconforme, o que se pode cumular com pedido indenizatório.

Por outro lado, com o mesmo espírito de consolidar bom senso e forma coercitiva, o art. 1.313 contém inédita, curial e interessante disciplina legal obrigando o proprietário, ou ocupante do imóvel, a tolerar que o vizinho ingresse em sua propriedade, podendo apenas restringir horários, mediante prévio aviso, e cobrar eventuais perdas e danos eventualmente causados.

Com efeito, à luz dos incisos I e II desse artigo,

> *"O proprietário ou ocupante do imóvel é obrigado a tolerar que o vizinho entre no prédio, mediante prévio aviso, para:*
>
> *I. dele temporariamente usar, quando indispensável à reparação, construção, reconstrução ou limpeza de sua casa ou do muro divisório;*
> *II. apoderar-se de coisas suas, inclusive animais que aí se encontrem casualmente.*

Já em seus §§ 1º e 2º, temos o detalhamento das situações a que aludem os prévios incisos. Com efeito, no § 1º, diz:

> *"O disposto neste artigo aplica-se aos casos de limpeza ou reparação de esgotos, goteiras, aparelhos higiênicos, poços e nascentes e ao aparo de cerca viva".*

Por outro lado, conforme § 2º,

> *"Na hipótese do inciso II, uma vez entregues as coisas buscadas pelo vizinho, poderá ser impedida a sua entrada no imóvel".*

No tocante ao seu § 3º, temos assegurado que, se do exercício desse direito resultar dano ao vizinho deverá este ser ressarcido do prejuízo causado.

Do Condomínio Geral

Em nosso Direito, temos inúmeros e ilustres doutrinadores trazendo à sociedade brasileira os mais adequados conceitos atinentes ao condomínio tradicional, dito voluntário.

No lecionar de Bonfante,[24] tal instituto vem a ser o mais trabalhado instituto da teoria dos direitos reais, quer no seu conceito, quer no seu regime positivo.

No tocante à natureza jurídica do condomínio, destacamos o seu mais adequado conceito, qual seja o direito de propriedade pertencente a várias pessoas ao mesmo tempo, ou seja, a comunhão de direitos, no lecionar de Washington de Barros Monteiro.[25]

E se esta comunhão recai sobre um direito de propriedade, teremos o condomínio ou a compropriedade.

Assim, em nosso Direito, vemos contemplada a teoria de que há a propriedade de cada condômino sobre toda a coisa, delimitada naturalmente pelos iguais direitos dos demais condôminos.

---

[24] BONFANTE, Pietro. La proprietá. In: *Corso di diritto romano*. Roma: Sampaolesi, 1925.
[25] MONTEIRO, Washington de Barros. *Op. cit.* p. 198.

Do Condomínio Voluntário

Dos Direitos e Deveres dos Condôminos

O legislador civil contemporâneo veio disciplinar, de forma mais abrangente, todas as relações sociais existentes e inerentes ao condomínio voluntário e todas as relações existentes no condomínio edilício, seja do construtor de ditas moradias comuns em relação a seus adquirentes e moradores, seja em relação aos deveres e direitos dos condôminos entre si.

Relevante é fixar, desde logo e de forma permanente, que a propriedade que a pessoa tem sobre a coisa, também chamada de domínio sobre o que lhe é exclusivamente seu, ou seja, o caráter exclusivo sobre o direito de propriedade, nada tem que ver com a compropriedade, propriedade em comum, conjunta com os demais condôminos, relativamente à mesma coisa, indivisível, também denominada de compropriedade sobre espaço comum ou de domínio comum sobre a porção coletiva.

Na compropriedade prevalece, a teor da lição de Washington de Barros Monteiro,[26] a teoria da subsistência, em cada condômino, da propriedade sobre toda a coisa, delimitada naturalmente pelos iguais direitos dos demais condôminos.

Entre todos eles se distribui a utilidade econômica da coisa, como também o direito de cada condômino em face de terceiros abrange a totalidade dos poderes imanentes ao direito de propriedade; mas, entre os próprios condôminos, o direito de cada um é autolimitado pelo direito do outro, na medida de suas quotas, de sua participação no todo, para que se torne possível a sua coexistência.

A parte ideal que cada um possui na propriedade comum, também chamada de fração ideal ou mesmo de porção ideal, consiste no melhor critério para se determinar, se aferir, seja em percentuais, seja em frações matemáticas de proporção, a participação, de cunho econômico, do consorte em relação aos demais.

Como exemplo, dentre tantos, temos a pessoa possuindo 54% da área comum, ou mesmo a pessoa possuindo 1/5 (um quinto) da

[26] MONTEIRO, Washington de Barros. *Op. cit.* p. 201.

parte ideal do terreno comum, ou ainda 0,1455% da área comum do terreno sob o qual existe a vaga de garagem.

Inicialmente, cuidaremos das normas gerais incidentes sobre o condomínio voluntário, dos direitos e deveres dos condôminos, para, depois, cuidarmos das regras que disciplinam o condomínio edilício, dispostas no Capítulo VII, em seus arts. 1.331 a 1356.

Em sua origem, o condomínio entre as partes pode resultar de acordo de vontades entre os condôminos, donde se diz que é voluntário ou convencional.

Com efeito, com as mesmas características que o proprietário tem de usar, gozar, fruir, dispor da coisa, bem como o poder de reivindicar de quem injustamente a possua ou a detenha, também a lei contempla em favor do condômino, à luz do art. 1.314, a regra de que

> *"Cada condômino pode usar da coisa conforme sua destinação, sobre ela exercer todos os direitos compatíveis com a indivisão, reivindicá-la de terceiro, defender a sua posse e alhear a respectiva parte ideal, ou gravá-la".*

E o seu parágrafo único disciplina que

> *"Nenhum dos condôminos pode alterar a destinação da coisa comum, nem dar posse, uso ou gozo dela a estranhos, sem o consenso dos outros".*

Com efeito, vemos, de início, a subordinação da livre utilidade particular em detrimento da propriedade comum, donde resulta claro, em primeiro lugar, que o condômino deverá usar a propriedade comum de conformidade com sua destinação.

Também não se permite que, sem o consenso dos demais, venha o condômino a dar posse, uso ou gozo desta a estranhos, valendo aqui acrescentar que se trata de estranhos aos interesses condominiais.

Nesse particular, imperioso é deixar claro que o condômino pode usar o imóvel de acordo com a sua destinação, de modo a não impedir que os demais consortes se utilizem também de seus direitos, devendo o direito de um ter de afeiçoar-se ao dos demais, de forma a não excluí-los ou a não prejudicá-los.

Por outro lado, para a manutenção e conservação da compropriedade, sempre será obrigatório que se arrecadem dos condôminos as quantias necessárias e destinadas a tal fim.

Assim, vemos na disposição do art. 1.315, que

> *"O condômino é obrigado, na proporção de sua parte, a concorrer para as despesas de conservação ou divisão da coisa, e a suportar os ônus a que estiver sujeita",*

presumindo-se iguais as partes ideais dos condôminos, a teor de seu parágrafo único.

Tal princípio de rateio nas despesas é absolutamente adequado e da maior justiça, porquanto tais despesas de conservação aproveitam a todos, sendo, portanto, obrigatório a todos suportá-las.

Também nesse particular, cuidou o legislador de evidenciar a presunção de serem iguais as partes ideais dos condôminos.

De outra parte, temos a normatização constante do art. 1.316, quando cogita da possibilidade de o condômino eximir-se do pagamento das despesas e dívidas inerentes ao rateio condominial, quando renunciar à sua parte ideal, não se disciplinando, entretanto, a forma como essa renúncia deva se operar.

Em seu § 1º, vemos, em conseqüência, também de forma inédita, a possibilidade da aludida renúncia aproveitar os demais condôminos, desde que estes assumam as despesas e as dívidas do renunciante, adquirindo, assim, na exata proporção dos aludidos pagamentos que fizerem, a parte ideal daquele que renunciou.

Devemos estar atentos para todas as situações que possibilitem a incidência da norma nova – e que seguramente acontecerão. Tal renúncia de parte ideal não poderá prejudicar terceiros, anteriores e legítimos credores do condômino devedor renunciante.

Ademais, outros casos estarão sob enfoque, relativamente ao fato de que a parte ideal poderá já estar garantindo outras dívidas, além das condominiais objeto desta possibilidade de, legalmente, das mesmas vir a se eximir, com a transferência da propriedade comum a terceiros.

Também inédita é a determinação incisiva constante de seu § 2º, que dita textualmente que se não houver condômino que faça os pagamentos da parte renunciada, a coisa comum será dividida.

Tal disposição vem contemplar, com acerto e de forma adequada, os adimplentes, hodiernos cumpridores das obrigações comuns, que poderão ver a coisa dividida, até entre eles, em detrimento dos inadimplentes, que causaram prejuízos aos demais consortes adimplentes, porquanto as despesas sempre crescem em prejuízo aos adimplentes quando se eleva a inadimplência.

Por outro lado, segundo a regra contida no art. 1.317, temos disciplinada a hipótese de que

> *"Quando a dívida houver sido contraída por todos os condôminos, sem se discriminar a parte de cada um na obrigação, nem se estipular solidariedade, entende-se que cada qual se obrigou proporcionalmente ao seu quinhão na coisa comum".*

Nesse particular, por exemplo, a dívida contraída por todos os condôminos com empresa que lhes vendeu equipamentos, instalados para dotar a piscina comum de aquecimento, passando a constituir propriedade comum, se não for paga, poderá ensejar, em favor do credor, a penhora destes maquinários comuns, enquanto vinculados ao condomínio. Se, posteriormente, acabarem sendo alienados, perderá cada condômino a parte ideal que lhe cabia nestes equipamentos.

Já, à luz do art. 1.318,

> *"As dívidas contraídas por um dos condôminos em proveito da comunhão, e durante ela, obrigam o contratante",*

tendo este, entretanto, ação regressiva contra os demais, onde se deverá discutir, para fins de ressarcimento, inclusive, a natureza desse proveito comum, inobstante contraídas apenas por um dos condôminos, além dos aspectos da não existência de anuência dos demais condôminos na aludida aquisição unilateral.

Também de forma a manter o salutar equilíbrio entre os comproprietários, seja nos proveitos, seja nas perdas, a norma contida no art. 1.319 vem disciplinar que

> *"Cada condômino responde aos outros pelos frutos que percebeu da coisa e pelo dano que lhe causou".*

Podemos exemplificar com a clássica hipótese legal do cônjuge varão que, ocupando imóvel comum ao casal, estará sujeito, assim, por parte da mulher, à cobrança de alugueres e encargos.

Temos casos em que o condomínio acaba perdurando indefinidamente, seja por se constituir legalmente em condomínio forçado, seja pela ausência, em certos casos, de decisão entre os condôminos, seja mesmo pela natureza indivisível do próprio prédio comum.

Entretanto, em se cogitando de condomínio de coisa divisível, sempre poderá ser transitória a comunhão entre os consortes, de tal forma que a qualquer condômino assiste o direito de exigir a divisão da coisa comum.

Assim é a regra contida no art. 1.320, quando dispõe que

> *"A todo tempo será lícito ao condômino exigir a divisão da coisa comum, respondendo o quinhão de cada um pela sua parte nas despesas da divisão".*

Tal permissão tem como fundamento a experiência de que a propriedade individual e exclusiva é mais produtiva do que a propriedade comum, atingindo, assim, de forma contundente, suas finalidades. A jurisprudência romana já consagrava o aforisma – *communio est mater discordiarum,* revelando, assim, constituir o condomínio em sementeira de discórdias, no lecionar do saudoso Prof. Washington de Barros Monteiro.[27]

Em seu § 1º, temos a possibilidade da deliberação entre os condôminos de

[27] MONTEIRO, Washington de Barros. *Op. cit.* p. 206.

> *"que fique indivisa a coisa comum por prazo não maior de cinco anos, suscetível de prorrogação ulterior".*

Já em seu § 2º, temos disposto que a deliberação de indivisão, se estabelecida pelo doador ou pelo testador, não poderá exceder ao prazo de cinco anos.

No momento em que houver graves razões que aconselhem a divisão, a requerimento de qualquer interessado, poderá o juiz determinar a divisão da coisa comum antes do prazo, nos termos de seu § 3º.

Nesse sentido, temos as ações de divisão, também chamadas de ações divisórias, à luz do inciso I do art. 946 do Código de Processo Civil, com suas regras processuais dispostas nos arts. 967 a 981 do aludido diploma legal.

Com relação ao disposto no art. 1.321, o legislador civil determinou, de forma incisiva, que

> *"Aplicam-se à divisão do condomínio, no que couber, as regras de partilha de herança (arts. 2.013 a 2.022)",*

normas estas taxativas e que não comportam qualquer discussão ou mesmo interpretação, aproveitando apenas para afirmar aqui a sua inteira pertinência e aplicabilidade, porquanto entre os herdeiros ou entre os legatários, consortes em propriedade ou mesmo em direitos sobre propriedade comum, herdadas ou legadas, temos a compropriedade instalada, passível, assim, da aplicação, no que couber, das regras inerentes à divisão.

A teor do disposto do art. 1.322,

> *"Quando a coisa for indivisível, e os consortes não quiserem adjudicá-la a um só, indenizando os outros, será vendida e repartido o apurado, preferindo-se, na venda, em condições iguais de oferta, o condômino ao estranho, e entre os condôminos aquele que tiver na coisa benfeitorias mais valiosas, e, não as havendo, o de quinhão maior".*

E, pelo que se vê de seu parágrafo único,

> *"Se nenhum dos condôminos tem benfeitorias na coisa comum e participam todos do condomínio em partes iguais, realizar-se-á licitação entre estranhos e, antes de adjudicada a coisa àquele que ofereceu maior lanço, proceder-se-á à licitação entre os condôminos, a fim de que a coisa seja adjudicada a quem afinal oferecer melhor lanço, preferindo, em condições iguais, o condômino ao estranho".*

Assim, no que tange aos pertinentes procedimentos de alienação judicial de bem comum, estão regulados, como procedimentos de jurisdição voluntária, pelos arts. 1.113 a 1.119 do Código de Processo Civil, de sorte a dar guarida ao que dispõem as regras normatizadas pelo aludido art. 1.322 e seu parágrafo único.

Da Administração do Condomínio

Nos dispositivos seguintes, cuidaremos das deliberações legais atinentes à administração do condomínio voluntário, fundamentais à sua existência legal.

Com efeito, sempre será escolhida, por maioria dos condôminos, a pessoa a quem competirá administrar os interesses do condomínio, a teor da norma objeto do art. 1.323.

Na hipótese de os condôminos preferirem alugar a coisa comum, em vez de administrá-la, também à luz do mesmo art. 1.323, preferir-se-á, em condições iguais, o condômino ao que não o é, vale dizer, sempre terá preferência na locação da coisa comum o condômino em relação ao estranho.

Temos visto, outrossim, locação da coisa comum a um dos condôminos, o que nos obriga a comentar que a experiência nos recomenda que, nestes casos, o condomínio locador sempre se faça contratualmente representar por outro condômino que não o condômino locatário, além do que se ajustem garantias locatícias independentes, quer direta, quer indiretamente, da pessoa do condômino locatário.

Por outro lado, conforme estabelece o art. 1.324,

> *"O condômino que administrar sem oposição dos outros presume-se representante comum".*

Cabe aqui relevante consideração, inerente aos casos em que o representante comum, o administrador por exemplo, venha, via delegação e de forma terceirizada, contratar empresa especializada a administrar os interesses comuns, o que não retira, seja do condomínio, seja de quaisquer dos condôminos, o direito de agir também contra o representante comum, obrigando-o a dar-lhes satisfação do andamento da administração ou mesmo exigindo-lhe prestação de contas.

A regra contida no art. 1.325, de forma taxativa, define que a maioria condominial será calculada pelo valor dos quinhões cabentes a cada condômino, devendo ser obrigatórias as deliberações condominiais, cuja decisão será tomada por maioria absoluta, conforme disciplina o seu § 1º.

Na hipótese de não se alcançar a maioria absoluta para as decisões condominiais, decidirá o juiz, a requerimento de qualquer dos condôminos, ouvidos os outros, à luz do disposto em seu § 2º.

No que tange ao § 3º, disciplina-se que

> *"Havendo dúvida quanto ao valor do quinhão, será este avaliado judicialmente".*

No encerramento desta subseção, o legislador estabeleceu no art. 1.326 que

> *"Os frutos da coisa comum, não havendo em contrário estipulação ou disposição de última vontade, serão partilhados na proporção dos quinhões",*

o que nos leva ao exemplo clássico do condômino que, isoladamente, locar a terceiros imóvel sobre o qual ainda mantém condomínio com seu consorte, deve a ele, seu co-proprietário, condômino, partilhar os alugueres recebidos.

Do Condomínio Edilício

Disposições Gerais

No tocante a esta figura condominial, temos grandes doutrinadores lecionando à sociedade brasileira sobre as relações jurídico-sociais inerentes à contemporânea realidade de nossa moradia, pelo menos nos últimos cinqüenta anos, em que as pessoas passaram a habitar em condomínios edilícios, sejam horizontais ou verticais, em residências próximas, algumas contíguas, usufruindo de direitos e assumindo obrigações, inerentes à utilização de espaços próprios, comuns e inseparáveis dentro da mesma edificação vertical, ou mesmo compreendidas no mesmo espaço comum horizontal.

A lei especial, tutelatória das relações inerentes a tais moradias comuns edilícias e que cuida dos condomínios em edificações e das incorporações imobiliárias, a Lei 4.591, de 16 de dezembro de 1964, tem papel relevante, nessa matéria, na história legislativa brasileira.

Nesse sentido, o que constatamos nessas últimas quatro décadas foi que essa legislação especial acabou norteando, para as normatizações inerentes ao condomínio, todas as convenções condominiais, verticais ou horizontais, ou mesmo seus internos regulamentos, estabelecendo regras que determinam diretamente a vida, em compropriedade, das pessoas que habitam e, assim, vivem em condomínios e que agora se somam às diversas e relevantes normas contidas na legislação civil comum.

De início, importante é compreender que, em sua essência, têm os condomínios edilícios igual natureza jurídica dos condomínios voluntários, valendo para aqueles diversas e relevantes outras disposições legais, além do que possuem eles outras especificidades, particularmente aos mesmos inerentes.

Com efeito, temos em edificações edilícias partes que são propriedade exclusiva e partes que são propriedade comum dos condôminos, como se vê do art. 1.331.

Tal norma comporta cinco parágrafos, que, a seguir, detalhamos. Em seu § 1º, vemos que

> *"As partes suscetíveis de utilização independente, tais como apartamentos, escritórios, salas, lojas, sobrelojas ou abrigos para veículos, com as respectivas frações ideais no solo e nas outras partes comuns, sujeitam-se a propriedade exclusiva, podendo ser alienadas e gravadas livremente por seus proprietários".*

Em seu § 2º, vemos que

> *"O solo, a estrutura do prédio, o telhado, a rede geral de distribuição de água, esgoto, gás e eletricidade, a calefação e refrigeração centrais, e as demais partes comuns, inclusive o acesso ao logradouro público, são utilizados em comum pelos condôminos, não podendo ser alienados separadamente, ou divididos".*

Cabe aqui ressaltar a relevante distinção dos critérios de que se utiliza o legislador civil pátrio nos dois parágrafos acima, exatamente porque, no primeiro, cuida-se da propriedade exclusiva, independente, onde deve prevalecer, por conseguinte, e, por tudo o que já comentamos sobre a propriedade privada, exclusiva e privativa, o livre direito de alienação (venda), bem assim de oneração (constituir direitos reais de garantia), que pode ser exercido por seu exclusivo proprietário. Já no tocante ao segundo, por tratar-se de propriedade comum, de partes de utilização comum entre os condôminos, não se pode, assim, aliená-las em separado ou mesmo dividi-las.

No tocante ao seu § 3º,

> *"A fração ideal no solo e nas outras partes comuns é proporcional ao valor da unidade imobiliária, o qual se calcula em relação ao conjunto da edificação".*

Pelo que se vê definido na norma constante do parágrafo terceiro acima, haverá substancial controvérsia na prática, e, até em relação às posturas municipais, sobre como se deverá determinar a fração ideal. Com efeito, tal parágrafo é incisivo e taxativo, normatizando que a fração ideal deve ser proporcional ao valor da unidade imobiliária. Até então, os manejadores das instituições, incorporações e especificações imobiliárias, a teor das disposições resultantes da lei especial, calculavam a fração ideal utilizando-se a metragem dos apartamentos. Ademais, importante será definir qual o valor que deverá nortear o aludido cálculo, nos termos do que foi normatizado no citado parágrafo. Se o valor real, decorrente de pesquisas de mercado, ou mesmo de regular e adequada avaliação, ou se o valor venal, resultante da atribuição que lhe é feita no próprio lançamento fiscal.

Nesse sentido, esperamos que a jurisprudência venha a solucionar tais dúvidas o mais breve possível, porquanto não se pode sobrestar o bom e salutar desenvolvimento, notadamente no âmbito da construção civil, com reflexos diretos no mercado imobiliário, segmento este que, há muitas décadas, é o que mais tem gerado empregos, diretos e indiretos em nosso país.

No que toca ao seu § 4º, vemos disciplinado que

> *"Nenhuma unidade imobiliária pode ser privada do acesso ao logradouro público".*

E, no que concerne ao seu § 5º, vemos estabelecido que

> *"O terraço de cobertura é parte comum, salvo disposição contrária da escritura de constituição do condomínio".*

Nesse sentido, nessas edificações, a parte que é propriedade exclusiva da pessoa, também chamada de parte individual ou mesmo parte privativa, é de seu domínio exclusivo, desde que independente da parte comum.

E a parte da propriedade comum que cada um possui sobre a totalidade da propriedade, também chamada de parte ideal, fração ideal ou mesmo de porção ideal, consiste no melhor critério para que se possa determinar, seja em percentuais, seja em frações matemática de proporção, a participação, de cunho econômico, de cada consorte em relação à coisa comum e no relacionamento com os demais condôminos. Como exemplo, dentre tantos, temos a pessoa proprietária da área útil de 200 m^2 do apartamento – sua propriedade exclusiva – e de área comum de 114 m^2 – propriedade em comum com os demais condôminos –, nas áreas de uso comum do condomínio, as quais, somadas, resultarão na sua propriedade total, *in casu,* área total construída de 314 m^2, correspondendo à fração ideal de 1,172% do terreno sobre o qual está edificado o condomínio e de uma vaga exclusiva de garagem – propriedade exclusiva –, com 23 m^2, que corresponde na área comum do condomínio à fração ideal – sobre a propriedade em comum – de 0,01455% do terreno.

Com relação à sua instituição, disciplinada no art. 1.332, o condomínio terá existência jurídica por ato *inter vivos*, mercê da celebração do devido instrumento, registrado no Registro de Imóveis, devendo constar daquele ato, além do disposto em lei especial, todos os requisitos legais discriminados nos incisos I, II e III do referido artigo.

Em tais incisos, o legislador civil procurou detalhar os princípios que obrigam a identificação das unidades em que há a propriedade exclusiva e das partes comuns, cabentes a todos os condôminos (inciso I), bem como a determinação da fração ideal atribuída, relativamente ao terreno, a cada unidade de propriedade exclusiva, como também a identificação da fração ideal sobre as partes comuns, também em relação ao terreno (inciso II), além do que exige expressa determinação da finalidade a que as unidades se destinam (inciso III).

Nesse sentido, torna-se imperiosa a observância das demais disposições, seja de substancial sentido técnico, seja de extrema relevância jurídica, objeto de lei especial (Lei 4.591/1964), que regulam os condomínios em edificações e as incorporações imobiliárias, mormente quando formos manejar a instituição dos condomínios, cujas normas deveremos observar para o subseqüente, adequado e imperioso registro no Cartório do Registro de Imóveis, na forma do art. 167, inciso I, item 17, da Lei 6.015/1973(Lei de Registros Públicos), em decorrência da impositiva norma contida no art. 1.332, como também colher toda a documentação pessoal, real e fiscal, a tanto necessárias.

Relevante também é aqui detalhar, outrossim, que, na constituição do condomínio edilício, temos a sua instituição, a sua especificação e a sua convenção, esta última também conhecida por Convenção de Condomínio, atos que, de forma conjunta, são imprescíndíveis a gerar sua existência legal e serem levados ao Registro Imobiliário.

Conforme se vê do art. 1.333, a convenção, o instrumento que constituirá o condomínio, deverá

> *"ser subscrita pelos titulares de, no mínimo, dois terços das frações ideais e torna-se, desde logo, obrigatória para os titulares de direito sobre as unidades ou para quantos sobre elas tenham posse ou detenção",*

determinando, outrossim, que para ser oponível contra terceiros, a convenção deverá ser registrada no Registro de Imóveis, consoante preceitua seu parágrafo único.

Quanto aos termos acima mencionados, e a teor do que vemos no art. 1.334 e seus incisos I a V, teremos sempre presente na constituição jurídica de um condomínio edilício, além das já referidas condições do art. 1.332 e seus incisos, os atos de instituição, pelos quais se informarão os dados do terreno, compreendendo sua origem dominial e fiscal; os atos de especificação, pelos quais se detalhará a descrição do empreendimento, sua destinação, a discriminação, individualização e confrontação de todas as áreas ou coisas de uso ou propriedade exclusivas e das áreas ou coisas de uso e propriedade comum, com o detalhamento das porções a que alude o inciso II do art. 1.332, a forma e as condições da administração e a informação do custo global da construção.

Vemos, outrossim, os atos de outorga da convenção condominial, por força dos quais se detalharão as pertinentes regras conceituais inerentes às partes de propriedade exclusiva, também conhecidas por unidades autônomas, e às partes de propriedade comum, acrescidas das demais disposições inerentes à destinação das referidas partes, inclusive em relação às garagens e/ou estacionamentos, seu modo de usá-las e todas as demais convenções atinentes aos direitos e obrigações dos condôminos, normatizando, assim, as suas próprias relações dentro do condomínio, que podem ser firmadas por instrumento público ou particular, consoante disposição de seu § 1º.

Também nesse sentido, imperioso é comentar que convivemos, na prática, com situações diversas, algumas em conformidade com a lei e outras apenas situações de fato, em inteira inobservância à lei civil comum ou mesmo à lei civil especial atinentes à matéria.

Com efeito, a situação legal, não obstante menos usual, é a de várias pessoas virem a adquirir a propriedade sobre um terreno e contratarem uma construtora idônea para erguer um edifício de apartamentos, do qual se tornarão, futuramente, proprietários das unidades residenciais autônomas e de áreas comuns, com suas respectivas frações ideais de terreno.

Nessa hipótese, ditos condôminos, na proporção legal, subscrevem os atos de constituição, instituindo eles próprios o condomínio, protocolado, assim, minuta da convenção condominial e levando previamente, mesmo antes de concluída a obra, todos esses atos ao Cartório de Registro de Imóveis.

Por outro lado, temos situações bem mais usuais em que uma pessoa jurídica, incorporadora e também construtora de bens imóveis, adquire um terreno para – mercê de futuros procedimentos de construção e incorporação de unidades, apartamentos residenciais, com o objetivo de também, no futuro, especificar o condomínio –, ir vendendo ditas unidades a terceiros, sem a observância das normas legais atinentes à espécie.

Assim, recebendo a escritura de venda e compra e registrando-a, terá a empresa a propriedade do terreno.

No entanto, nestes casos, ainda que isoladamente subscreva, como condômina única, o Instrumento de Instituição e Especificação do Condomínio, se não protocolar minuta prévia da convenção de condomínio junto ao Registro de Imóvel, em tese, não pode sequer iniciar as vendas a particulares das futuras unidades residenciais autônomas, compreendidas as áreas comuns futuras, e suas respectivas frações ideais sobre o terreno.

Ademais, temos iguais situações dominiais de empresa incorporadora e construtora que antes mesmo de dar início à construção do prédio, seja vertical, seja horizontal, vai comprometendo a venda das unidades futuras, para, ao depois de concluída a edificação, ingressar com os atos de constituição, especificação e convenção de condomínio, também ao arrepio da legislação, o que pode gerar inúmeras contendas judiciais entre a empresa e os futuros condôminos.

A equiparação dos promitentes compradores, também reconhecidos como compromissários compradores, e dos cessionários de direitos, extensiva, também, aos compromissários cessionários de direitos, aos proprietários, titulares de domínio sobre o imóvel, para os fins do que dispõe o § 2º do artigo em exame, em muito contribuirá para a solução de inúmeros conflitos, seja os atinentes à discussão pertinente ao reconhecimento da titularidade de direitos, seja os reais ou pessoais entre as partes, no tocante às obrigações, legais e contratuais, ou no que concerne à responsabilidade civil que cada pessoa terá em todo processo de produção de unidades – residenciais, comerciais ou industriais – para entrega futura.

Em sua essência e em conformidade com a natureza jurídica da propriedade, os direitos dos comproprietários equivalem-se aos do exclusivo proprietário de coisa particular, tais como usar, fruir e livremente dispor das suas unidades, tal como se vê no inciso I do art. 1.335.

No tocante aos incisos II e III, temos os direitos que apenas à compropriedade tem vertente normatizadora, quais sejam: usar das partes comuns, conforme a sua destinação, e contanto que não exclua a utilização dos demais compossuidores (inciso II), e votar nas deliberações da assembléia e delas participar, estando quite (inciso III).

Assim, a total utilização das áreas comuns é direito sagrado do condômino. Porém, tal uso não pode excluir a utilização por parte de qualquer outro condômino, e tampouco desvirtuar a destinação do condomínio.

Como exemplo, o condômino tem livre acesso e pode circular na área comum da garagem do prédio, sendo-lhe, entretanto, vedado obstruir passagem de outro condômino, e nesta explorar estacionamento.

Por outro lado, livre será a presença do condômino nas assembléias ordinárias ou extraordinárias, porém seu voto nas deliberações estará condicionado a estar em dia com suas contribuições condominiais.

De outra parte, no que tange às demais obrigações, terão os condôminos, comproprietários, em princípio, os mesmos devedores do proprietário exclusivo.

Entretanto, dada a especificidade da matéria, teremos, em condomínio, diversos outros deveres em relação à propriedade comum, seja de um dos condôminos em relação à compropriedade, ou condomínio, seja de um condômino em relação ao seu consorte.

Tais deveres, taxativamente impostos, se encontram nos incisos I a IV do art. 1.336, quais sejam:

> *"I. contribuir para as despesas do condomínio, na proporção de suas frações ideais;*
> *II. não realizar obras que comprometam a segurança da edificação;*
> *III. não alterar a forma e a cor da fachada, das partes e esquadrias externas;*
> *IV. dar às suas partes a mesma destinação que tem a edificação, e não as utilizar de maneira prejudicial ao sossego, salubridade e segurança dos possuidores, ou aos bons costumes."*

Com efeito, em seu § 1º, vemos taxativa e incisiva cominação ao condômino inadimplente de juros moratórios e de multa:

> *"O condômino que não pagar a sua contribuição ficará sujeito aos juros moratórios convencionados ou, não sendo previstos, os de um por cento ao mês e multa de até dois por cento sobre o débito".*

Dentre as penalidades supra, quanto aos juros moratórios não convencionados, será de inteiro acerto a aplicabilidade dos juros legais, à razão de um por cento ao mês.

O que se revela preocupante, a teor dos demais dispositivos de cunho financeiro e econômico constantes da legislação civil vigente, é sua livre incidência por força da convenção.

Ademais, o que já está gerando relevantes e pertinentes discussões é a incidência de reduzida multa por atraso nas contribuições condominiais, ensejando, mercê do real incentivo ao atraso que tal norma provoca, porquanto diminuta, a quebra de diversos condomínios residenciais, especialmente os de veraneio, além de constituir tal incentivo verdadeira penalidade aos adimplentes.

Nesse particular, só para ilustrarmos, a penalidade de multa anteriormente vigente, integrante da quase totalidade das convenções condominiais, correspondia ao percentual de vinte por cento sobre o valor do débito.

Entretanto, já no que diz respeito às obrigações estabelecidas nos incisos II a IV, a penalidade é bem maior, conforme prescreve o § 2º do art. 1.336,

> *"O condômino, que não cumprir qualquer dos deveres estabelecidos nos incisos II a IV, pagará a multa prevista no ato constitutivo ou na convenção, não podendo ela ser superior a cinco vezes o valor de suas contribuições mensais, independentemente das perdas e danos que se apurarem; não havendo disposição expressa, caberá à assembléia geral, por dois terços no mínimo dos condôminos restantes, deliberar sobre a cobrança da multa".*

Já no que tange à norma contida no art. 1.337, inédita em nosso direito civil, sem qualquer correspondência legislativa anterior, vemos que

> *"O condômino, ou possuidor, que não cumpre reiteradamente com os seus deveres perante o condomínio poderá, por deliberação de três quartos dos condôminos restantes, ser constrangido a pagar multa correspondente até ao quíntuplo do valor atribuído à contribuição para as despesas condominiais, conforme a gravidade das faltas e a reiteração, independentemente das perdas e danos que se apurem".*

Ademais, também a disposição constante de seu parágrafo único, com o mesmo ineditismo, via de conseqüência, normatiza que

> *"O condômino ou possuidor que, por seu reiterado comportamento anti-social, gerar incompatibilidade de convivência com os demais condôminos ou possuidores, poderá ser constrangido a pagar multa correspondente ao décuplo do valor atribuído à contribuição para as despesas condominiais, até ulterior deliberação da assembléia".*

Nesse sentido, reitera-se aqui o que já vimos e dissemos sobre comportamento ordinário tolerante, além do que a sociabilidade deve ser observada e estar presente na conduta de cada pessoa que vive em condomínio.

Também nesse sentido, cumpre asseverar que a jurisprudência indicará o que poderá constituir e ser reconhecido como comportamento anti-social.

No que concerne à locação de vaga de garagem situada em condomínio edilício, temos normatizado que

> *"Resolvendo o condômino alugar área no abrigo para veículos, preferir-se-á, em condições iguais, qualquer dos condôminos a estranhos, e, entre todos, os possuidores",*

conforme preceitua o art. 1.338.

Esta inédita disposição, sem qualquer correspondência legislativa anterior, consagra, em favor do condômino, ou mesmo do possuidor – o morador condômino não proprietário –, a preferência na locação de vagas de garagem, com destaque ao morador.

Entretanto, ainda que de maneira indireta, tal norma deixa transparecer a possibilidade de estranhos ao condomínio virem a concorrer e, com isso, poderem locar vaga na garagem do prédio, o que merecerá substanciais discussões, com grande conteúdo polêmico, diretamente ligadas à segurança condominial, independentemente das razões, de cunho econômico, integrantes da norma permissiva.

Com efeito, pode o condômino, ou mesmo o possuidor, ter que alugar vaga de garagem, seja para aumentar sua renda, ou mesmo contribuir com o dispêndio condominial a que está obrigado, não encontrando consortes a locar tal espaço, o que lhe assegurará locá-lo a terceiros, estranhos ao condomínio, enfrentando, com isso, os óbices atinentes ao fato de ter estranhos no prédio, em detrimento do seguro e salutar convívio entre pessoas já conhecidas, os demais condôminos, vindo a jurisprudência, com sabedoria, disciplinar melhor a aplicação da norma aos casos concretos.

Com relação à norma contida no art. 1.339, temos que

> *"Os direitos de cada condômino às partes comuns são inseparáveis de sua propriedade exclusiva; são também inse-*

paráveis das frações ideais correspondentes as unidades imobiliárias, com as suas partes acessórias".

Com efeito, tal disposição reconhece a indivisibilidade entre os direitos decorrentes da compropriedade e os direitos da propriedade exclusiva, além da indivisibilidade das parcelas ideais correspondentes às unidades imobiliárias com suas partes acessórias.

Nesse sentido, não se separa a unidade residencial das áreas comuns, como também não se podem separar as frações ideais sobre o terreno, correspondentes às unidades residenciais, por exemplo, dos acessórios que compõem a compropriedade.

Em seu § 1º, e, em decorrência do rigor da regra real, normatizado está que

> *"Nos casos deste artigo é proibido alienar ou gravar os bens em separado".*

Já em relação ao seu § 2º, vemos que

> *"É permitido ao condômino alienar parte acessória de sua unidade imobiliária a outro condômino, só podendo fazê-lo a terceiro se essa faculdade constar do ato constitutivo do condomínio, e se a ela não se opuser a respectiva assembléia geral".*

Com a finalidade de consagrar a exclusividade no pagamento pelo condômino que utilizar área comum do condomínio, vem a norma contida no art. 1.340, disciplinando que

> *"As despesas relativas a partes comuns de uso exclusivo de um condômino, ou de alguns deles, incumbem a quem delas se serve".*

Assim, a despesa com a utilização de área comum (salão de festas), para a realização, pelo condômino, de uma confraternização, será suportada exclusivamente por ele, mesmo porque será ele quem dela se servirá, por si, seus familiares e demais convidados.

O art. 1.341 disciplina a realização das obras no condomínio edilício, normatizando que tal realização dependerá, a teor de seus incisos I e II:

> *"I. Se voluptuárias, de voto de dois terços dos condôminos;*
> *II. Se úteis, de voto da maioria dos condôminos".*

No tocante ao seu § 1º,

> *"As obras ou reparações necessárias podem ser realizadas, independentemente de autorização, pelo síndico, ou, em caso de omissão ou impedimento deste, por qualquer condômino".*

No que tange ao seu § 2º,

> *"Se as obras ou reparos necessários forem urgentes e importarem em despesas excessivas, determinada sua realização, o síndico ou o condômino que tomou a iniciativa delas dará ciência à assembléia, que deverá ser convocada imediatamente".*

No que concerne ao seu § 3º,

> *"Não sendo urgentes, as obras ou reparos necessários, que importarem em despesas excessivas, somente poderão ser efetuadas após autorização da assembléia, especialmente convocada pelo síndico, ou, em caso de omissão ou impedimento deste, por qualquer dos condôminos".*

E, pelo que se infere de seu § 4º,

> *"O condômino que realizar obras ou reparos necessários será reembolsado das despesas que efetuar, não tendo direito à restituição das que fizer com obras ou reparos de outra natureza, embora de interesse comum".*

Para compreensão de todos esses ditames legais acima dispostos, imperioso é assinalar que a lei especial (Lei 4.4591/1964), já determinava a obrigatoriedade da disciplina, dentre outras, destas matérias, passando, assim, ditas normas a integrar a convenções condominiais, bem como os regimentos internos, de tal sorte que os condomínios edilícios passaram, assim, mercê da exigência legal, a ter suas regras em suas correspondentes convenções e regulamentos. O que o atual legislador civil comum fez foi incorporar, na grande maioria, estas normas da lei especial à legislação comum, além de criar outras normas atinentes aos condomínios. Nesse sentido, relevante será adaptar as convenções condominiais e seus internos regulamentos ao Código Civil vigente, para que haja compatibilidade entre as normas, a facilitar sua aplicabilidade e, assim, evitar desnecessários conflitos resultantes de divergentes e até polêmicas interpretações.

O art. 1.342 dispõe que

> *"A realização de obras, em partes comuns, em acréscimo às já existentes, a fim de lhes facilitar ou aumentar a utilização, depende da aprovação de dois terços dos votos dos condôminos, não sendo permitidas construções, nas partes comuns, suscetíveis de prejudicar a utilização, por qualquer dos condôminos, das partes próprias, ou comuns".*

A disposição contida no art. 1.343, determina que

> *"A construção de outro pavimento, ou, no solo comum, de outro edifício, destinado a conter novas unidades imobiliárias, depende da aprovação da unanimidade dos condôminos".*

Também inédita a norma contida no art. 1.344, donde se vê que

> *"Ao proprietário do terraço de cobertura incumbem as despesas da sua conservação, de modo que não haja danos às unidades imobiliárias inferiores".*

A pessoa que vier a adquirir unidade condominial, à luz da incisiva e taxativa norma contida no art. 1.345,

> *"Responde pelos débitos do alienante, em relação ao condomínio, inclusive multas e juros moratórios".*

Tal dispositivo não infere formas de aquisição, motivo pelo qual a responsabilidade de quem adquire, por débitos do alienante, é plena, isso porque a necessidade de continuar existindo o condomínio, pelo pagamento das verbas de rateio para sua manutenção, não pode depender da menor discussão sobre o direito de exclusão de responsabilidade, seja da pessoa que alienou, seja da pessoa que adquiriu unidade do mesmo integrante, as quais, entre si, poderão resolver o problema.

Por outro lado, é obrigatório o seguro de toda a edificação contra o risco de incêndio ou destruição, total ou parcial, a teor da norma objeto do art. 1.346.

Ao síndico, ou mesmo ao administrador, compete a realização de tal seguro, sob as penalidades, civis e criminais, contidas em disposições especiais.

Da Administração do Condomínio

Em razão da experiência acadêmica relativa à matéria, aliada às atividades permanentes ligadas ao condomínio edilício, verificamos constarem em todas as convenções condominiais, resultantes da legislação especial que regula também a matéria, as regras, em sua maioria, pertinentes aos órgãos de administração condominial, suas atribuições, bem como as demais disposições inerentes à gestão dos assuntos relativos ao condomínio.

Ditas normas, por si sós, e dado seu caráter taxativo e incisivo, devem ser rigorosamente observadas por todos os condôminos, valendo aqui ressaltar que algumas dessas normas, por traduzirem indicações jurisprudenciais inerentes às soluções observadas, diferem das tradicionais e conservadoras convenções condominiais.

Assim, ao presente diploma civil vigente devem ser adaptados ditos pactos, também para que se aperfeiçoem as relações condominiais, especialmente as inerentes à sua gestão.

O legislador civil as fez constar nos arts. 1.347 a 1.356, que passaremos a citar.

Com efeito, reza o art. 1.347,

> *"A assembléia escolherá um síndico, que poderá não ser condômino, para administrar o condomínio, por prazo não superior a dois anos, o qual poderá renovar-se".*

Antes de enumerar os atos de competência que a lei confere ao síndico, imperioso é assinalar que os condôminos, ao o elegerem representante legal e gestor de todos os seus interesses condominiais, devem sempre se nortear na escolha de uma pessoa altamente proba e íntegra, experiente nas questões gerais familiares e socioeconômicas, como também competente no trato dos específicos assuntos técnicos do condomínio, mesmo porque será ele "prefeito da cidade condominial em que todos habitam", tal como assim é denominado na Itália, até os dias de hoje, o síndico, prefeito do ente onde vive a comunidade. Por outro lado, sua responsabilidade legal, nos termos da lei civil comum, como nas leis especiais, dentre as quais a lei do inquilinato, é de grande relevância, bastando se atentar para todos os atos que lhe competem realizar, assumindo, assim, a inteira responsabilidade pelos mesmos.

Ao síndico, gestor e administrador do condomínio, compete, nos termos textuais do art. 1.348:

> "*I. convocar a assembléia dos condôminos;*
> *II. representar, ativa e passivamente, o condomínio, praticando, em juízo ou fora dele, os atos necessários à defesa dos interesses comuns;*
> *III. dar imediato conhecimento à assembléia da existência de procedimento judicial ou administrativo, de interesse do condomínio;*
> *IV. cumprir e fazer cumprir a convenção, o regimento interno e as determinações da assembléia;*

V. diligenciar a conservação e a guarda das partes comuns e zelar pela prestação dos serviços que interessem aos possuidores;
VI. elaborar o orçamento da receita e da despesa relativa a cada ano;
VII. cobrar dos condôminos as suas contribuições, bem como impor e cobrar as multas devidas;
VIII. prestar contas à assembléia, anualmente e quando exigidas;
IX. realizar o seguro da edificação".

Em seu § 1º, temos normatizado que

"poderá a assembléia investir outra pessoa, em lugar do síndico, em poderes de representação".

Em seu § 2º, é consagrada a possibilidade da contratação pelo condomínio de uma administradora, quando vemos que o síndico pode transferir a outrem, total ou parcialmente, os poderes de representação ou as funções administrativas, mediante aprovação da assembléia, salvo disposição em contrário da convenção.

No tocante à destituição do síndico, o art. 1.349 determina que

"A assembléia, especialmente convocada para o fim estabelecido no § 2º do artigo antecedente, poderá, pelo voto da maioria absoluta de seus membros, destituir o síndico que praticar irregularidades, não prestar contas, ou não administrar convenientemente o condomínio".

Já o art. 1.350 disciplina a regra para a convocação da assembléia geral ordinária do condomínio.

Com efeito,

"Convocará o síndico, anualmente, reunião da assembléia dos condôminos, na forma prevista na convenção, a fim de aprovar o orçamento das despesas, as contribuições dos

> *condôminos e a prestação de contas, e eventualmente eleger-lhe o substituto e alterar o regimento interno",*

sendo certo que a disposição legal contida em seu § 1º normatiza a regra pertinente à convocação, por condôminos, de tal assembléia, ao determinar que se o síndico não a convocar, um quarto dos condôminos poderá fazê-lo.

No que concerne ao seu § 2º, vemos que

> *"Se a assembléia não se reunir, o juiz decidirá, a requerimento de qualquer condômino".*

Tal hipótese é muito rara, porquanto se observa que, se não pelo síndico, os condôminos sempre acabam convocando e realizando assembléias gerais, seja as ordinárias, seja as extraordinárias, estas últimas por *quorum* mínimo também estabelecido na lei civil vigente, mais adiante mencionada.

Como já vimos e comentamos, e por ilação às disposições relativas ao condomínio voluntário, a norma de que cogita o art. 1.351 também disciplina, no que concerne ao condomínio edilício, que

> *"Depende da aprovação de dois terços dos votos dos condôminos a alteração da convenção e do regimento interno; a mudança da destinação do edifício, ou da unidade imobiliária, depende de aprovação pela unanimidade dos condôminos".*

Por outro lado, no que concerne ao art. 1.352, vemos normatizado que,

> *"Salvo quando exigido* quorum *especial, as deliberações da assembléia serão tomadas, em primeira convocação, por maioria de votos dos condôminos presentes que representem pelo menos metade das frações ideais".*

As disposições pertinentes à representatividade das unidades, nas deliberações condominiais, vem expressa em seu parágrafo único, de tal sorte que

> *"Os votos serão proporcionais às frações ideais no solo e nas outras partes comuns pertencentes a cada condômino, salvo disposição diversa da convenção de constituição do condomínio".*

E o art. 1.353 determina que

> *"Em segunda convocação, a assembléia poderá deliberar por maioria dos votos dos presentes, salvo quando exigido* quorum *especial".*

A observância da inteira publicidade aos condôminos, que devem ser, assim, cientificados da designação da data da realização das assembléias condominiais, bem como de sua ordem do dia, é absoluta, de tal sorte que a assembléia não poderá deliberar se todos os condôminos não forem convocados para a reunião, de acordo com o art. 1.354.

À luz do art. 1.355,

> *"As assembléias gerais extraordinárias poderão ser convocadas pelo síndico ou por um quarto dos condôminos".*

Tal disposição assegura que os próprios condôminos possam também convocar essas reuniões para a deliberação de assuntos que entendam relevantes e até de caráter emergencial, valendo acrescentar que referidas reuniões sempre terão o caráter extraordinário.

No tocante à fixação do *quorum* mínimo para tal convocação, o atual legislador civil comum incorporou o que já se encontra disciplinado na expressiva maioria das convenções condominiais existentes nos condomínios, lavradas em atendimento à lei especial (Lei 4.591/1964). Entretanto, sobre tal matéria, relevante será adaptar as convenções condominiais onde se normatiza a fixação de outro *quorum* mínimo para que seja possível tal convocação, para que haja compatibilidade entre as normas, de sorte a adequar a sua aplicabilidade e para evitar contendas decorrentes de divergentes e até polêmicas interpretações.

Como auxiliares na administração do condomínio, poderemos ter condôminos, em número de três, compondo um conselho fiscal.

Assim, a norma contida no art. 1.356 determina que

> *"Poderá haver no condomínio um conselho fiscal, composto de três membros, eleitos pela assembléia, por prazo não superior a dois anos, ao qual compete dar parecer sobre as contas do síndico".*

Observa-se, também, a eleição de três membros suplentes do Conselho Fiscal, atuando na ausência dos titulares, como também vemos a eleição de um subsíndico, eleito para substituir o síndico em sua ausência.

Antes de citar e comentar a regra atinente à extinção do condomínio, normatizada no art. 1.357, relevante é trazer aqui algumas considerações de cunho prático atinentes ao condomínio edilício.

Com efeito, nos condomínios residenciais, temos que sempre será vedada a sua utilização para atividades comerciais ou industriais, como também qualquer alteração na destinação de vagas de garagem, no estado de sua fachada externa, edificações de sacada, a inserção de atividades de serviços no condomínio; nada disso poderá o condômino fazer, de forma isolada, mas apenas e tão-somente, mediante a aprovação definida na lei, valendo apenas o consenso de todos os condôminos, seja para a alteração da destinação do condomínio, seja de sua unidade imobiliária.

Ademais, o que também vemos nos próprios condomínios é a expressa vedação legal acima apontada, exatamente para esses casos, ressaltando aqui que a convenção condominial somente poderá ser alterada mediante a aprovação de dois terços dos votos dos condôminos.

Por outro lado, vemos reconhecido que a maior parte ideal – fração ideal – correspondente a uma unidade condominial sobre o seu todo condominial, vale dizer, tendo a unidade condominial privativa maior área e extensão, relativamente ao terreno sobre o qual foi erigido o condomínio, será a esta atribuída maior importância a concorrer com as despesas de conservação do mesmo. Por exemplo, as unidades de cobertura nos condomínios, por compreenderem área maior em relação aos demais apartamentos, ditos unidades-padrão ou unidades-tipo, arcarão com maior quantia no rateio das importâncias destinadas à conservação do prédio.

Acresce considerar, outrossim, que não se pode proibir a locação de um apartamento residencial a uma nova família que venha residir no condomínio, mas poderá não se permitir a locação do mesmo apartamento para pessoas que exercerão atividades comerciais.

De outra parte, cumpre ressaltar que aos moradores locatários se estendem as restrições atinentes à destinação, inerentes aos condôminos proprietários.

Relevante também é aqui destacar que as despesas compreendidas na arrecadação condominial podem ser divididas em despesas ordinárias e despesas extraordinárias. As primeiras, de natureza mantenedora, tendentes a fazer funcionar o condomínio, tais como salários dos funcionários, seus encargos sociais, as contas de água, de energia elétrica, com limpeza e ajardinamento, dentre outras, as quais se diferenciam das extraordinárias, de cunho valorizador do condomínio, como quaisquer obras que tenham esse caráter, tais como impermeabilização imperiosa nas áreas do térreo ou mesmo nos subsolos onde temos a maioria das garagens, construção de academia de ginástica, saunas, piscinas, além de outras.

De outra parte, imperioso é deixar consignado que tal responsabilidade pela assunção das despesas condominiais não está apenas adstrita ao proprietário com título registrado no Registro de Imóveis, mas se estende ao compromissário comprador da unidade em condomínio, que passa a responder pelas aludidas quotas condominiais a partir do momento em que adquire a unidade.

Tais obrigações se estendem aos usufrutuários dos imóveis em condomínio, como também aos moradores locatários das unidades condominiais, excluindo-se os inquilinos tão somente das despesas de valorização da propriedade comum, como as despesas extraordinárias, as quais cabem exclusivamente aos condôminos proprietários, usufrutuários ou mesmo compromissários compradores da unidade condominial.

Por outro lado, também é certo que no condomínio não se travam relações de consumo dos condôminos entre si, seja entre o condomínio, como instituição gestora e os condôminos que o integram, porquanto a multa por descumprimento das obrigações condominiais não é aquela que se prevê no Código de Proteção e Defesa do Consumidor, mas a penalidade constante da lei civil em vigor.

Da Extinção do Condomínio

A teor da norma contida no art. 1.357,

> *"Se a edificação for total ou consideravelmente destruída, ou ameace ruína, os condôminos deliberarão em assembléia sobre a reconstrução, ou venda, por votos que representem metade mais uma das frações ideais".*

A fixação para o caso de deliberação sobre a reconstrução ou venda da edificação nos votos que representem metade mais uma das frações ideais, se torna preocupante, notadamente no que se refere à hipótese em que se poderá decidir pela reconstrução do prédio que ameace ruína. Não obstante, de um lado, entender que o espírito do legislador foi o de tentar facilitar tal decisão, com a menor determinação de condôminos, no tocante à quantidade de votos, tal preocupação, por outro lado, se torna relevante, se cotizadas com as disposições atinentes à natureza das obras a que alude o art. 1.342, onde se exige os votos de 2/3 dos condôminos, bem como às construções de que cogita o art. 1.343, onde se exige a unanimidade dos condôminos.

Assim sendo, entendo que melhor serviria aos superiores interesses de todos os condôminos prejudicados com tais ocorrências, a exigência de 2/3 dos votos dos condôminos e não apenas a de metade mais um, como reza o dispositivo legal comentado, esperando que a jurisprudência venha a contribuir com o bom senso, base do melhor direito aplicável à espécie.

Conforme o § 1º do art. 1.357,

> *"Deliberada a reconstrução, poderá o condômino eximir-se do pagamento das despesas respectivas, alienando os seus direitos a outros condôminos, mediante avaliação judicial".*

Já no que tange ao seu § 2º,

> *"Realizada a venda, em que se preferirá, em condições iguais de oferta, o condômino ao estranho, será repartido o apurado entre os condôminos, proporcionalmente ao valor das suas unidades imobiliárias".*

Nos caso de expropriação do condomínio edilício, vemos a aplicabilidade da disposição constante do art. 1.358, onde se normatiza que

> *"Se ocorrer desapropriação, a indenização será repartida na proporção a que se refere o § 2º, do artigo antecedente",*

que norteia a mesma forma de rateio para a hipótese de venda lá disposta.

Da Propriedade Resolúvel

A propriedade resolúvel ou revogável, segundo nos leciona Clóvis Beviláqua,[28] é aquela que no próprio título de sua constituição encerra o princípio que a tem de extinguir, realizada a condição resolutória, ou vindo o termo extintivo, seja por força da declaração de vontade, seja por determinação da lei.

Assim, no ato de aquisição da propriedade, seja de bem móvel ou imóvel, poderá haver uma disposição contratual resolutiva, assim chamada de cláusula contratual resolutória.

Tal cláusula pode consistir num termo ou em uma condição resolutiva. A condição ou o termo constará sempre no ato pertinente ao negócio jurídico firmado entre as partes, constitutivo do direito de propriedade.

Podemos ilustrar com o clássico exemplo, qual seja o ato de doação de um bem imóvel, com cláusula de reversão, no qual estabele-

[28] BEVILÁQUA, Clóvis. *Código Civil.* 11. ed. Rio de Janeiro: Francisco Alves, 1956. v. 3. p. 177.

ce o doador que, se vier a sobreviver ao donatário, o bem doado reverte-se ao domínio do doador, que se vê do art. 547.

Também temos outro exemplo clássico, no fideicomisso, em que a propriedade é resolúvel ou revogável.

Assim, no testamento, o testador pode dispor que a herança passe a determinada pessoa, chamada fiduciária e que, com a morte desta, ou mesmo dentro de um determinado prazo, transmite-se à outra, dita fideicomissária.

O art. 1.359 contempla a propriedade resolúvel propriamente dita, normatizando que

> *"Resolvida a propriedade pelo implemento da condição ou pelo advento do termo, entendem-se também resolvidos os direitos reais concedidos na sua pendência, e o proprietário, em cujo favor se opera a resolução, pode reivindicar a coisa do poder de quem a possua ou detenha".*

Cumpre aqui destacar a correspondência e a extensão legislativa que se vê dos arts. 127 e 128, atinentes à condição e ao termo dos negócios jurídicos, como também a norma contida no art. 507, pertinente ao pacto de retrovenda, bem assim como a regra do art. 1.953, todos do vigente Código Civil, onde se afirma que o fiduciário tem a propriedade da herança ou legado, mas restrita e resolúvel.

Também relevante é consignar que, na propriedade resolúvel, podem ser constituídos direitos reais, mas, resolvida pelo implemento da condição ou termo, entendem-se resolvidos, também, todos os direitos reais constituidos em sua pendência.

No que tange ao disposto no art. 1.360,

> *"Se a propriedade se resolver por outra causa superveniente, o possuidor, que a tiver adquirido por título anterior à sua resolução, será considerado proprietário perfeito, restando à pessoa, em cujo benefício houve a resolução, ação contra aquele cuja propriedade se resolveu para haver a própria coisa ou o seu valor".*

Tal norma contempla a resolução por força da qual a propriedade se extingue em razão da ocorrência de um fato não previsto por ato de vontade, mas que, supervenientemente, ao existir, impedirá o proprietário de conservar o seu adquirido direito.

Temos como exemplo as doações revogadas por ingratidão do donatário, fato este não previsto no ato da doação, cumprindo aqui ressaltar a correspondência legislativa de que cogitam as normas contidas nos arts. 557 e 563.

Também relevante é consignar, aproveitando o clássico exemplo da revogação de doação por ingratidão, que, quando na resolução estiver contida tal condição ou termo, a revogação operará seus efeitos *ex-tunc,* isto é, desde então, como se jamais houvesse ocorrido a doação, e no que a resolução advier de causa superveniente, não prevista no título objeto da doação, a revogação se operará *ex-nunc,* isto é, a partir de então, valendo até aí o ato de doação, que poderá ser objeto de ação do doador contra o donatário, com objetivo de reaver o bem doado.

DA PROPRIEDADE FIDUCIÁRIA

Sem qualquer correspondência legislativa anterior, o legislador civil atual contempla no art. 1.361 que

> *"Considera-se fiduciária, a propriedade resolúvel de coisa móvel infungível que o devedor, com escopo de garantia, transfere ao credor".*

Vemos aqui nova espécie de garantia, diversa das tradicionais do direito real correspondente, com a peculiaridade atinente aos contemporâneos negócios jurídicos incidentes sobre as coisas móveis infungíveis.

Revela-se tal instituto no negócio decorrente da alienação fiduciária em garantia, porquanto a propriedade fiduciária é a segurança nos negócios de alienação fiduciária e de compra e venda com reserva de domínio.

Podemos definir a alienação fiduciária como a cessão (transferência) ao credor do domínio e da posse indireta de uma coisa móvel, independentemente de sua tradição efetiva, em garantia do cumprimento de obrigações, resolvendo-se, assim, o direito do adquirente, com a solução da dívida então garantida, denominando-se de fiduciante o devedor e de fiduciário o credor.

Temos, em seu § 1º:

> *"Constitui-se a propriedade fiduciária com o registro do contrato celebrado por instrumento público ou particular, que lhe serve de título, no Registro de Títulos e Documentos do domicílio do devedor, ou, em se tratando de veículos, na repartição competente para o licenciamento, fazendo-se a anotação no certificado de registro",*

aparelhado, para tanto, tal Cartório, conforme item 5º, do art. 129 e inciso I, número 35, do art. 167 da Lei 6.015/1973, sendo este último dispositivo extensivo ao ato que deve ser praticado junto ao Cartório do Registro de Imóveis, inserido que foi pela Lei 9.514/1997.

Logo a seguir, em seu § 2º, vemos que

> *"Com a constituição da propriedade fiduciária, dá-se o desdobramento da posse, tornando-se o devedor possuidor direto da coisa".*

Tal propriedade fiduciária cessa em favor do transmitente da coisa no momento em que o devedor pagar o preço da mesma, valendo acrescentar que o devedor permanece com a posse direta e o credor com a propriedade – domínio – e a posse indireta da coisa.

No tocante ao seu § 3º, temos normatizado que

> *"A propriedade superveniente, adquirida pelo devedor, torna eficaz, desde o arquivamento, a transferência da propriedade fiduciária".*

O contrato que serve de título a essa modalidade de propriedade, à luz das taxativas e incisivas regras constantes dos incisos I, II, III e IV, do art. 1.362, conterá:

> *"I. o total da dívida, ou sua estimativa;*
> *II. o prazo, ou a época do pagamento;*
> *III. a taxa de juros, se houver;*
> *IV. a descrição da coisa objeto da transferência, com os elementos indispensáveis à sua identificação".*

Cumpre aqui ressaltar que, além do regime jurídico previsto na lei civil vigente, vemos alienação fiduciária de bens móveis regulada por lei especial (Decreto-Lei 911/1969), que alterou a redação do art. 66 da Lei 4.728, de 14 de julho de 1.965, estabelecendo normas de processo sobre alienação fiduciária, bem como sobre alienação fiduciária de bens imóveis, regulada por lei especial (Lei 9.514/1997), que dispõe sobre o sistema de financiamento imobiliário e alienação fiduciária de coisa imóvel, a teor de seus arts. 22 e 23, bem como imperioso é aqui consignar as disposições pertinentes à alienação fiduciária no mercado de capitais, regulada, como acima mencionado, pelo *caput* e §§ 1º e 10º do art. 66, e art. 66-A, da Lei 4.728, de 14 de julho de 1965, alterada a redação de seu art. 66 pelo já acima referido Decreto-Lei 911/1969.

Ademais, temos também as disposições pertinentes à indústria da construção civil, consoante arts. 22 e 23 da Lei 4.864/1965, e as regras pertinentes aos fundos de investimento imobiliário de que cogitam os arts. 6º a 9º, da Lei 8.668/1993.

No que concerne ao art. 1.363, vemos normatizado o que segue:

> *"Antes de vencida a dívida, o devedor, a suas expensas e risco, pode usar a coisa segundo sua destinação, sendo obrigado, como depositário:*
>
> *I. a empregar na guarda da coisa, a diligência exigida por sua natureza;*

> *II. a entregá-la ao credor, se a dívida não for paga no vencimento".*

Tais disposições, dada a consideração atinente à figura de depositário de que se reveste o devedor, nos remete aos dispositivos legais pertinentes ao depósito voluntário, de que se cogitam os arts. 627 a 652 da lei civil vigente, a que se deve inteiro cumprimento.

O legislador civil, conforme se vê da norma contida no art. 1.364, determina que

> *"Vencida a dívida, e não paga, fica o credor obrigado a vender, judicial ou extrajudicialmente, a coisa a terceiros, a aplicar o preço no pagamento de seu crédito e das despesas de cobrança, e a entregar o saldo, se houver, ao devedor".*

Nesse sentido, vemos extensão legislativa e inteira aplicabilidade da norma contemplada no art. 1.366, que será comentada mais adiante.

Sem qualquer correspondência legislativa anterior, temos a disposição constante do art. 1.365, que disciplina que

> *"É nula a cláusula que autoriza o proprietário fiduciário a ficar com a coisa alienada em garantia, se a dívida não for paga no vencimento",*

como também sabemos que será nula a cláusula que autoriza o credor pignoratício, anticrético ou hipotecário a ficar com o objeto da garantia, na hipótese de a divida não ser paga no seu vencimento, conforme veremos ao comentar o art. 1.428 da lei civil vigente.

No parágrafo único do art. 1.365, disciplina o legislador que

> *"O devedor pode, com a anuência do credor, dar seu direito eventual à coisa em pagamento da dívida, após o vencimento dessa".*

Tal disposição é peculiar, ao disciplinar aqui a obrigatória anuência do credor, o que não se vê na mesma hipótese pertinente às demais garantias de penhor, hipoteca e anticrese, a teor do parágrafo único do art. 1.428, a ser mais adiante comentado.

Em absoluta sintonia com o disposto no art. 1.364, vemos a regra disciplinada no art. 1.366, onde se normatiza que

> *"Quando vendida a coisa, o produto não bastar para o pagamento da dívida e das despesas de cobrança, continuará o devedor obrigado pelo restante".*

Com inteiro sentido de eficaz acerto, o legislador civil infere conforme a norma contida no art. 1.367, que se aplica à propriedade fiduciária, no que couber, o disposto nos arts. 1.421, 1.425, 1.426, 1.427 e 1.436, seja no tocante aos pagamentos da dívida, seja no que concerne ao seu vencimento antecipado, seja no que tange à substituição ou reforço de garantia, seja no que se refere à extinção da garantia.

Pelo que se deflui da disposição legal do art. 1.368,

> *"O terceiro, interessado ou não, que pagar a dívida, se sub-rogará de pleno direito no crédito e na propriedade fiduciária".*

Tal disposição, mesmo sem correspondência legislativa anterior, nos remete às normas atinentes à sub-rogação de pleno direito que se vê contemplada nos arts. 346 a 351 da lei civil vigente.

Ao concluir tal Capítulo, relevante é aqui consignar, relativamente à extensão legislativa e pertinente aplicabilidade aos supra comentados arts. 1.364 a 1.367, as disposições da Lei 4528/1965, incidentes na alienação fiduciária no mercado de capitais, a teor dos §§ 4º, 5º e 6º do art. 66.

5

Da Superfície

De início, para poder entender tal instituto jurídico, que ora se instala, de forma inédita, em nossa lei civil, fundamental será para todos nós, envolvidos na área do Direito, remontar à inspiração que norteou sua criação e sua existência legal no Direito Romano, mesmo porque, no dizer do notável jurista Min. Moreira Alves, a superfície no Código Civil brasileiro inspira-se no renascimento, no ressurgimento de tal instituto do Direito Romano.

Assim, era o pilar básico do direito real de superfície o direito dos romanos.

Com tal inspiração, em nosso direito, podemos conceituar a superfície como um direito real específico, independente, autônomo e diverso do direito comum, ordinário e geral da propriedade, que uma pessoa, dita superficiária, tem de construir ou plantar em coisa alheia, com aquiescência do proprietário (superficiente) por prazo certo e determinado, podendo conferir-lhe propriedade, chamada de superficiária, sobre a construção ou sobre o plantio, de natureza resolutiva, mediante condições estabelecidas em contrato escrito, lavrado em instrumento público.

Nesse sentido, a natureza jurídica da propriedade superficiária tem guarida no direito real sobre bens imóveis, sendo especial a sua concepção e específica a sua aplicação, posto que gera direitos particulares, próprios, ainda que coexistentes com o direito real comum do proprietário, porém distintos desse direito real de propriedade.

Com efeito, são objeto do direito de superfície as construções e as plantações erigidas no solo, valendo aqui destacar, outrossim, que tudo o que puder, em princípio, ser objeto de acessão à propriedade poderá ser objeto de direito de superfície.

Na propriedade superficiária, o domínio do proprietário pleno em favor do proprietário superficiário poderá se instalar, com os mesmos caracteres inerentes à propriedade comum, sobre as construções ou plantações erigidas no solo, na superfície da coisa.

Temos assim a coexistência de dois direitos reais diversos: o da propriedade comum, plena, e o da propriedade superficiária, esta limitada, eis que decorre da concessão de uso da propriedade plena.

Ademais, vemos que a expressão que o legislador civil pátrio usa para tratar da normatização das relações do proprietário pleno com o proprietário superficiário é *concessão*, esta no estrito, próprio e particular sentido de autorização contratual específica, emanada, sempre de um especial contrato escrito que permita, conceda, outorgue, faculte ou autorize.

Nesse sentido, deve restar claro que essas relações nada têm que ver com os institutos inerentes às demais concessões de direito privado, e tampouco com as concessões ou mesmo permissões de direito público, donde se deduz que talvez mais apropriadas deveriam ser as expressões inerentes aos atos de autorização ou mesmo de atos contratualmente permitidos.

Assim, vemos o art. 1.369 permitindo ao proprietário

> *"conceder a outrem o direito de construir ou de plantar em seu terreno, por prazo determinado, mediante escritura pública devidamente registrada no Cartório de Registro de Imóveis",*

este já aparelhado a registrá-la, nos termos do item 39, do inciso I, do art. 167 da Lei 6.015/73, inserido em razão da vigência da Lei 10.257/2001.

Tal concessão pode atingir terrenos urbanos ou rurais, mesmo porque não há restrições ou mesmo conceitos exclusivos de aplicabilidade.

Nesse particular, apesar de a norma em exame estipular que tal autorização se faça em prazo determinado, temos, em vigência anterior, a Lei 10.257, de 10 de julho de 2.001, também conhecida como Estatuto da Cidade, que, ao regulamentar os arts. 182 e 183 da Constituição Federal, estabelecendo diretrizes gerais de política urbana, concebeu, em sua Seção VII, a existência do instituto da superfície urbana, permitindo expressamente que essa concessão de uso especial, para fins de moradia, possa também ser celebrada por prazo indeterminado, a teor de seu art. 21.

Estamos convivendo com o direito de superfície urbana para os fins especiais de moradia resultante art. 21 da Lei 10.257/2001, que tem regras próprias, em destaque aqui para a permissão de poder ser contratada por prazos determinado ou indeterminado, e o direito de superfície, para os fins de construção e plantio, urbanos e rurais, sob a égide do Código Civil, regulado pelo art. 1.369, que também possui regras próprias, em destaque aqui a permissão restrita a prazo determinado de contratação.

Tal conflitante convivência poderá causar substanciais polêmicas e inúmeras contendas judiciais, porquanto a constituição do direito de superfície atinente à construção urbana, resultante do art. 1.369, por sua natureza essencial, é a mesma que o direito de superfície contempla para fins de moradia urbana, de que trata o art. 21, da referida Lei 10.257/2001, além do que sabemos que não se constitui direito de superfície para moradia, sem a coincidente construção.

Melhor será rapidamente definir, de forma legislativa, os prazos para a contratação de tais direitos de superfície de moradia e de construção, ou mesmo estabelecer que a primeira se atenha somente aos casos de efetiva residência do superficiário e a segunda possa se ater a todos os demais casos que não impliquem residência do superficiário, inobstante as duas constituições, para a vertente hipótese de construção, se apliquem, a teor das legislações coexistentes.

Alguns doutrinadores lecionam que o direito de superfície urbana está regulado pelo referido Estatuto da Cidade e o direito de superfície urbana e rural está regulado pelo Código Civil, cabendo àquele diploma legal tratar apenas da superfície urbana, como se vê da obra da ilustre Diana Coelho Barbosa,[29] deixando, entretanto, vazia, a discussão sobre a relevante situação acima apontada, cuja interpretação mais ampla e corretamente adequada.

No tocante às disposições de seu parágrafo único, temos que

> *"O direito de superfície não autoriza obra no subsolo, salvo se for inerente ao objeto da concessão".*

Nesse sentido, também vemos disposição diversa, contida no § 1º do art. 21 da citada Lei 10.257/2001, o que, no tocante ao direito de superfície de construção, sob tutela do Código Civil, poderá gerar as mesmas polêmicas e os mesmos eventuais conflitos acima cogitados, sendo preferível, nesse sentido, também ficar com a supramencionada interpretação.

Por outro lado, o legislador permitiu que a concessão em causa possa ser onerosa ou gratuita, normatizando que, quando onerosa, poderão as partes estipular se o pagamento será feito de uma só vez ou de forma parcelada, a teor do art. 1.370.

Entendemos ser mais conveniente a permissão onerosa, inobstante o extremo respeito à gratuidade legal e contratualmente ajustada, muitas vezes imperiosa aos interesses das partes pactuantes.

Contudo, a presença econômica em tal pacto, além de refletir sempre a melhor tutela superveniente aos direitos, obrigações e responsabilidades do mesmo decorrentes, servirá, outrossim, para que jamais possamos tergiversar, mais adiante, no estabelecimento de eventuais interpretações diversas, tendo em vista análogos institutos graciosos do direito.

No tocante aos encargos e tributos incidentes sobre o bem imóvel, sobre a propriedade plena, objeto de tal concessão, responderá

---

[29] BARBOSA, Diana Coelho. *Direito de superfície* – À luz do estatuto da cidade. São Paulo: Juruá, 2001. p.139.

o superficiário, nos termos do art. 1.371, devendo aqui se acrescentar que se limitarão ao tempo decorrido do contrato, além do que, por óbvio, se aplicam também àqueles encargos inerentes à obra edificada ou ao plantio realizado, seja de que natureza for.

Da mesma forma que se permite a livre alienação a terceiros do direito de propriedade plena sobre bens imóveis, bem como sua transferência a herdeiros ou sucessores, o direito de superfície também poderá transferir-se a terceiros, bem como aos herdeiros do superficiário, por morte deste, a teor do art. 1.372.

Como não vemos quaisquer restrições sucessórias, é preciso reconhecer que todas as disposições gerais e especiais atinentes à sucessão, a teor dos arts. 1.784 a 2.027, aplicar-se-ão ao direito real de superfície. O que não vemos na lei civil em exame é a disciplina sobre se será ou não necessária a interveniência do concedente originário no instrumento em que se estabelecerá a transferência do superficiário, a terceiros.

Por inteira semelhança ao direito real de propriedade plena sobre bens imóveis, em que se pode exigir a anuência do cedente, a tutelar a observância de condições contratuais, para a proteção de direitos futuros, entendemos ser conveniente e oportuna tal exigência, para se evitar, de vez, quaisquer futuras discussões sobre a própria cessão do direito de superfície.

No parágrafo único do art. 1.372 verifica-se que, de forma diversa dos direitos reais sobre a propriedade plena,

> *"Não poderá ser estipulado pelo concedente, a nenhum título, qualquer pagamento pela transferência"*

a que alude este artigo, donde sempre será gratuita tal transferência, não obstante, na origem, poder ser onerosa a concessão.

Na hipótese de alienação do imóvel ou do direito de superfície, o superficiário ou o proprietário pleno, à luz do disposto no art. 1.373, tem direito de preferência, em igualdade de condições, donde as medidas acautelatórias – notificação de uma das partes –, necessárias ao devido e legal exercício do direito de preferência pela outra parte envolvida na questão, devem sempre estar presentes, para que não se viabilize a discussão da declaração de nulidade do próprio ato de alienação ou mesmo se instale a discussão atinente à composição de perdas e danos, em razão da alienação sem o preenchimento de tal formalidade legal, prejudicando qualquer uma das partes.

Por outro lado, na vigência do contrato de constituição do direito de superfície, e antes de seu término,

> *"resolver-se-á a concessão se o superficiário der ao terreno destinação diversa daquela para que foi concedida"*,

nos termos do art. 1.374.

Assim, vemos aqui cláusula resolutiva, nos mesmos termos, condições e restrições da atinente ao descumprimento da destinação dada ao imóvel, nos casos de existência da compropriedade, de condomínio – seja voluntário, seja edilício –, com substanciais prejuízos àqueles, *in casu*, o proprietário superficiário, que derem à propriedade destinação diversa da contratada.

Nesse sentido, cremos que na resolução da concessão, nos termos deste comentado artigo, devem ser aplicadas ao superficiário as mesmas disposições ligadas ao comproprietário ou compossuidor que der destino diverso à propriedade, nos termos acima expostos.

Por outro lado, "extinta a concessão", nos termos do art. 1.375,

> *"o proprietário passará a ter a propriedade plena sobre o terreno, construção ou plantação, independentemente de indenização, se as partes não tiverem estipulado ao contrário"*.

Em não havendo, assim, qualquer disposição contrária, teremos, com a extinção da concessão, o encerramento de todas as condições inerentes à própria existência do direito real da propriedade superficiária, mesmo porque, como já anteriormente comentamos, tal constituição é limitada ao tempo da existência das deliberações ajustadas na concessão de seu uso.

Assim sendo, encerrada a concessão sem quaisquer outras estipulações em contrário, cessam todos os direitos reais imobiliários que o proprietário superficiário tinha sobre a construção e sobre o plantio, independentemente de qualquer obrigação do proprietário pleno lhe indenizar.

Já no tocante à extinção dos direitos reais de superfície, em conseqüência de desapropriação, nos termos do art. 1.376,

> *"a indenização cabe ao proprietário e ao superficiário, no valor correspondente ao direito real de cada um".*

Nada mais adequado e justo, porquanto o ato unilateral de força, independentemente da vontade de quaisquer das partes na vigente relação de constituição desse direito real de superfície, ao expropriar o terreno, sobre o qual caberá ao proprietário pleno receber seus valores indenizatórios, também atingirá os valores da construção e do plantio ali existentes, donde cumpre indenizar também o proprietário superficiário.

6

Das Servidões

Da Constituição das Servidões

Tal instituto pode ser tratado, tanto no âmbito civil, quanto no âmbito administrativo, não se confundindo a servidão deste último tipo, como forma de intervenção consistente na imposição de um ônus real sobre um bem particular, objetivando seu uso público, mediante indenização ao particular, com as servidões expressas dos arts. 1.378 a 1.389, onde se impõe ônus real a favor de um prédio, em benefício de outra propriedade particular.

Com efeito, na servidão administrativa, o ônus real impõe-se a favor do poder público, em benefício da coletividade, que poderá utilizar o bem, traduzindo-se, assim, como uma obrigação de suportar, e não simplesmente de não fazer, diferentemente das servidões no âmbito do direito civil, que restringem a liberdade da coisa numa obrigação negativa, não só de suportar, mas também de não fazer.

Nos presentes comentários, interessam apenas as questões resultantes das servidões na esfera civil, uma vez que no tocante ao direito real de propriedade, há certa limitação ao seu uso, uma restrição imposta a um prédio para proporcionar utilidade a outro.

Também importante é ressaltar que as servidões são inalienáveis a terceiros, posto que estão ligadas ao prédio dominante e não ao seu proprietário.

No tocante ao art. 1.378, vemos que

> *"A servidão proporciona utilidade para o prédio dominante, e grava o prédio serviente, que pertence a diverso dono, e constitui-se mediante declaração expressa dos proprietários, ou por testamento, e subseqüente registro no Cartório de Registro de Imóveis".*

A doutrina reconhece como serviente o prédio que sofreu as restrições para que outro pudesse ser utilizado, este denominado de prédio dominante, ambos pertencentes sempre a proprietários diversos.

A servidão ocorre porque nem sempre um prédio reúne, em si mesmo, todas as condições para que seu proprietário possa exercer seus direitos relativos ao uso e fruição da coisa, gerando, assim, a necessidade de que outro prédio vizinho sirva a este.

Assim, as servidões originam-se de ato de vontade, objetivando dar maior aproveitamento ao prédio dominante, constituindo-se a servidão por atos *inter vivos,* ou mesmo *mortis causa,* valendo consignar o seu obrigatório registro, como instituto de direito real, no Cartório de Registro de Imóveis, aparelhado que está para tal ato, nos termos do art. 167, inciso I, número 6, da Lei 6.015/1973.

Já no que concerne ao art. 1.379, vemos que

> *"O exercício incontestado e contínuo de uma servidão aparente, por dez anos, nos termos do art. 1.242, autoriza o interessado a registrá-la em seu nome no Registro de Imóveis, valendo-lhe como título a sentença que julgar consumada a usucapião".*

Cumpre aqui ressaltar que aparentes são as servidões que se manifestam por sinais exteriores, por restrições perceptíveis à vista humana.

Tal dispositivo legal contempla, assim, a usucapião, na medida em que normatiza que o exercício dessa servidão aparente, nos termos e para os efeitos do art. 1.242, autoriza o interessado a registrá-la em seu nome, valendo como título de domínio a sentença que julgar consumada a usucapião.

A norma contida em seu parágrafo único estende para vinte anos o prazo se o possuidor de tal servidão não tiver título.

Ademais, à luz da Súmula 415 do Supremo Tribunal Federal, a servidão de trânsito não titulada, mas tornada permanente, sobretudo pela natureza das obras realizadas, considera-se aparente, conferindo direito à proteção possessória.

Do Exercício das Servidões

A norma contida no art. 1.380, autoriza o dono de uma servidão a fazer

"todas as obras necessárias à sua conservação e uso",

recaindo o ônus ao prédio dominante, salvo estipulação expressa, em sentido contrário, conforme se vê do disposto no art. 1.381, sendo certo, que havendo mais de um prédio dominante, serão as despesas rateadas entre os respectivos donos.

Quando tal obrigação incumbir ao dono do prédio serviente, a teor da disposição legal objeto do art. 1.382, vemos contemplada sua exoneração, desde que este abandone, total ou parcialmente, a propriedade ao dono do prédio dominante.

Em conformidade com o disposto em seu parágrafo único,

"Se o proprietário do prédio dominante se recusar a receber a propriedade do serviente, ou parte dela, caber-lhe-á custear as obras".

Não poderá haver da parte do dono do prédio serviente qualquer embaraço ao exercício legítimo da servidão, a teor da incisiva e taxativa norma contida no art. 1.383.

O dono do prédio serviente pode remover a servidão de um lugar para outro, pelo que contempla o dispositivo legal contido no art. 1.384, bem como as disposições do art. 1.385 e seus §§ 1º, 2º e 3º, os quais normatizam as restrições que limitam o uso das servidões.

Com efeito, temos no art. 1.385 que

"Restringir-se-á o exercício da servidão às necessidades do prédio dominante, evitando-se, quanto possível, agravar o encargo ao prédio serviente.

§ 1º – Constituída para certo fim, a servidão não se pode ampliar a outro.

§ 2º – Nas servidões de trânsito, a de maior inclui a de menor ônus, e a menor exclui a mais onerosa.

§ 3º – Se as necessidades da cultura, ou da indústria, do prédio dominante impuserem à servidão maior largueza, o dono do serviente é obrigado a sofrê-la; mas tem direito a ser indenizado pelo excesso."

O que deve ficar claro é que a servidão não pode se exercer abusivamente, devendo ater-se às necessidades comprovadas do prédio dominante, exatamente para evitar que se agrave o encargo ao prédio serviente.

Ademais, o legislador impôs às servidões prediais o princípio da indivisibilidade, subsistindo tal preceito mesmo na hipótese de divisão entre os prédios, com a ressalva contida na lei.

Assim, vemos no art. 1.386:

"As servidões prediais são indivisíveis, e subsistem, no caso de divisão dos imóveis, em benefício de cada uma das porções do prédio dominante, e continuam a gravar cada uma das do prédio serviente, salvo se, por natureza, ou destino, só se aplicarem a certa parte de um ou de outro".

Da Extinção das Servidões

De início, relevante é consignar que, salvo nos casos de desapropriação, as servidões, uma vez registradas, só se extinguem, com respeito a terceiros, se vierem a ser canceladas, à luz da norma contida no art. 1.387.

Tal regra se estende à hipótese de que cogita seu parágrafo único,

> *"Se o prédio dominante estiver hipotecado e a servidão se mencionar no título hipotecário, será também preciso, para a cancelar, o consentimento expresso do credor".*

No que concerne ao art. 1.388, vemos que

> *"O dono do prédio serviente tem direito, pelos meios judiciais, ao cancelamento do registro, embora o dono do prédio dominante lho impugne",*

nas taxativas condições objeto de seus incisos I, II e III.

Com efeito, vemos em tais incisos que temos o cancelamento da servidão:

> *"I. quando o titular houver renunciado a sua servidão;*
> *II. quando tiver cessado, para o prédio dominante, a utilidade ou a comodidade, que determinou a constituição da servidão;*
> *III. quando o dono do prédio serviente resgatar a servidão".*

A norma contida no art. 1.389, incisos I, II e III, contempla as demais hipóteses de extinção das servidões:

> *"Também se extingue a servidão, ficando ao dono do prédio serviente a faculdade de fazê-la cancelar, mediante a prova da extinção:*

I. pela reunião dos dois prédios no domínio da mesma pessoa;
II. pela supressão das respectivas obras por efeito de contrato, ou de outro título expresso;
III. pelo não uso, durante dez anos contínuos".

7

Do Usufruto

Disposições Gerais

O direito real de usufruto, com vertente originária no Direito Romano, foi definido por Paulo[30] *jus alienis rebus utendi fruendi, salva rerum substantia,* ou seja, o direito de usar uma coisa pertencente a outrem e de perceber-lhe os frutos, ressalvada a sua substância. Não obstante o critério exclusivo da propriedade, inerente, de forma absoluta, à pessoa de seu titular proprietário, nasceu tal instituto da concepção de que a utilidade da coisa, ou mesmo a vantagem que o proprietário poderia retirar da coisa, poderia ser objeto de cessão a outrem, vindo este a gozar e fruir dessas utilidades, conservando aquele a propriedade de sua substância.

Segundo Clóvis Beviláqua,[31] com a sapiência que lhe era peculiar, o usufruto vem a ser *"o direito real conferido a uma pessoa, duran-*

---

[30] Paulo, Digesto. Liv. 7º, tít. 1º, frag. 1º.

[31] BEVILÁQUA, Clóvis. *Código Civil.* 11. ed. Rio de Janeiro: Francisco Alves, 1956. v. 3, p. 264.

te certo tempo, que a autoriza a retirar da coisa alheia os frutos e utilidades que ela produz".

Nesse sentido, vemos se destacarem, temporariamente, do direito real de propriedade, direitos reais de usufruto, quais sejam aqueles direitos inerentes às atitudes concretas que uma pessoa passa a ter de fruir a utilidade e os frutos ou rendimentos que a própria coisa produzir.

Nas relações de usufruto temos, sempre, duas pessoas: o usufrutuário, assim denominado o titular desses direitos reais de utilidade sobre o que a coisa oferece, e o nu-proprietário, assim chamada a pessoa que mantém a substância da propriedade.

A extensão desse instituto em nossa lei material substantiva deflui do art. 1.390, quando vemos que

> *"O usufruto pode recair em um ou mais bens, móveis ou imóveis, em um patrimônio inteiro, ou parte deste, abrangendo-lhe, no todo ou em parte, os frutos e utilidades".*

Para podermos aquilatar a relevância e a extensão do presente instituto, podemos citar diversas disposições constantes em nossos ordenamentos jurídicos.

Com efeito, a teor do parágrafo segundo do art. 231 da Constituição Federal, vemos que nas terras tradicionalmente ocupadas pelos índios, os quais terão posse permanente, são eles titulares de direitos de usufruto exclusivo sobre as riquezas do solo, sobre os rios e sobre os lagos nelas existentes.

Ademais, o cônjuge que estiver na posse de bens particulares do outro será responsável, para com este e seus herdeiros, como usufrutuário, se o rendimento for comum, à luz da norma contida no art. 1.652 do Código Civil pátrio.

Além disso, vemos que o pai e a mãe, enquanto no exercício do poder familiar, são usufrutuários dos bens dos filhos, resultante do disposto no inciso I do art. 1.689, do Código Civil brasileiro.

Acresce-se, também, mencionar aqui sua relevância e alcance no que concerne ao legado de usufruto, que se vê dos arts. 1.921 e 1.946, aos direitos decorrentes da organização e proteção da família, normatizados pelo Decreto-Lei 1.200/1941, aos dispositivos legais de que cogita o Estatuto do Índio, resultantes da Lei 6.001/1973, aos direitos dos companheiros a alimentos e à sucessão, a teor da Lei 8.971/1994, e às normas que incidem na dissolução da sociedade conjugal e do casamento, decorrentes das disposições da Lei 6.515/1977(Lei do Divórcio), dentre outras.

Vemos, outrossim, seu alcance, sua relevância e sua adequada repercussão na lei adjetiva em vigor, consubstanciada nos dispositivos objeto dos arts. 647, inciso III, art. 708, inciso III e arts. 716 a 729 do Código de Processo Civil vigente.

Ademais, esses direitos reais também se aplicam, naquilo que não vierem a contrariar, às regras do instituto do uso (norma do art. 1.413) e às do instituto da habitação (regra contida no art. 1.416), que mais adiante comentaremos.

Tais direitos reais podem ser vitalícios, por prazo certo e determinado ou mesmo subordinados a determinada condição ou estado, sendo constituídos por convenção entre as partes, seja celebrado diretamente entre elas em contrato escrito ou decorrente, por exemplo, de reserva de usufruto em favor dos doadores, em um instrumento de doação.

Podem, outrossim, ser constituídos, por testamento e por usucapião, na hipótese em que a pessoa os tenha adquirido de quem não seja o proprietário.

Conforme regra estabelecida de forma incisiva e taxativa, no art. 1.391, quando vier o usufruto a recair sobre bens imóveis, desde que não de usucapião, constituir-se-á mediante registro no Cartório do Registro de Imóveis, estando aparelhado este a registrá-lo, na forma do inciso I, letra 7, da Lei 6.015/1973.

Dessa forma, o instrumento, seja público, seja particular, não confere direito de usufruto sobre bens imóveis, se não for registrado no Registro Imobiliário.

Acresce-se, ainda, comentar outra modalidade de usufruto, que tem origem em lei, em determinação legal, chamada, assim, de usufruto legal.

Temos, por exemplo, a hipótese do usufruto decorrente do poder familiar, disposto no art. 1.689 do Código Civil.

Se não disposto o contrário, o usufruto estende-se aos acessórios da coisa e seus acrescidos, na forma do art. 1.392.

Nesse sentido, no tocante à extensão aos acessórios da coisa, cumpre destacar aqui o disposto nos arts. 92, 96 e 97 do Código Civil, valendo, assim, tal extensão do usufruto às benfeitorias, seja necessárias, seja úteis ou voluptuárias.

No que concerne aos acrescidos à coisa, imperioso é ressaltar que há inteira aplicabilidade de sua extensão a todos os acréscimos que se formarem, relativos à aquisição da propriedade, pela acessão, consoante já vimos ao comentarmos o art. 1.248.

Em seu § 1º, pertinente aos bens consumíveis, vale dizer, às coisas que se consomem pelo uso, temos a figura de um usufruto desvirtuado ou mesmo de usufruto excepcional ou mesmo impróprio, seja em relação à sua natureza e concepção, seja em relação aos seus demais pressupostos de constituição, de existência e desenvolvimento, porquanto, nesta hipótese legal, se a coisa pôde ser consumida e até alienada pelo usufrutuário, é porque acabou entrando em seu domínio – exceção a todos os demais casos –, cabendo ao usufrutuário tão-somente restituí-la no mesmo gênero, quantidade e qualidade, além do que, não sendo possível tal devolução, deverá ser feita pelo equivalente, em dinheiro, ao tempo da restituição, o que também é única exceção que se opera em relação ao instituto do usufruto.

Já em relação ao seus §§ 2º e 3º, vemos detalhadas as hipóteses inerentes à extensão do usufruto aos acessórios e aos acréscimos da coisa, à presença, no prédio em que recair o usufruto, de florestas e recursos minerais a que se refere o art. 1.230; à aplicabilidade do mesmo nos casos em que vier a recair em universalidade ou quota-parte inerente a tesouro achado e às hipóteses ligadas ao condomínio voluntário necessário.

Com efeito, conforme o § 1º do art. 1.392,

> *"Se, entre os acessórios e os acrescidos, houver coisas consumíveis, terá o usufrutuário o dever de restituir, findo o usufruto, as que ainda houver e, das outras, o equivalente em gênero, qualidade e quantidade, ou, não sendo possível, o seu valor, estimado ao tempo da restituição".*

Nesse sentido, vemos extensão legislativa e inteira aplicabilidade da norma contida no art. 86, que define os bens consumíveis.

Por outro lado, se há no prédio em que recai o usufruto florestas ou os recursos minerais a que se refere o art. 1.230, devem o dono e o usufrutuário prefixar-lhe a extensão do gozo e a maneira de exploração.

Neste particular, cumpre-se ressaltar a inteira aplicabilidade de tal norma com a regra do já comentado art. 1.230 do Código Civil em vigor, como também importante é assinalar sua correspondência legislativa anterior, que se vê dos termos do art. 725 do Código Civil de 1916.

Ademais, vemos que se o usufruto recai sobre universalidade ou quota-parte de bens, o usufrutuário tem direito à parte do tesouro achado por outrem, e ao preço pago pelo vizinho do prédio usufruído, para obter meação em parede, cerca, muro, vala ou valado.

Tal disposição legal tem correspondência e extensão de aplicabilidade, com as normas de que cogitam os arts. 90, 91, 1.264 a 1.266, 1.297 e 1.328 do Código Civil vigente.

Por outro lado, não se pode transferir o usufruto por alienação, mas o seu exercício pode ceder-se por título gratuito ou oneroso, a teor da regra do art. 1.393, uma vez que é constituído em caráter personalíssimo, sendo relevante aqui cogitar que, no tocante ao seu exercício, podemos tê-lo em sua própria pessoa ou sob arrendamento – forma de cessão de direitos –, a teor do art. 1.399, que mais adiante comentaremos.

Não obstante curial disposição, porquanto ao mesmo tempo em que se veda a alienação dos direitos de usufruto, permite-se que se possa ceder seu exercício, o que tem sentido jurídico absolutamente adequado.

Com efeito, não se poderá alienar – vender – parte da coisa que se destaca temporariamente da propriedade (o usufruto), sem a transmissão da propriedade de sua substância, a nua propriedade.

Porém, o exercício desse direito real, enquanto perdure, pode ser objeto de cessão a terceiros, sem que, com isso, se esteja desfigurando a propriedade, porquanto o domínio sobre a propriedade, em sua substância, permanecerá com o proprietário, cedendo-se apenas aqueles direitos que o usufrutuário tem sobre os frutos e utilidades que a coisa produz.

Ademais, deve ficar claro que somente com a alienação – venda –, de forma conjunta, da nua propriedade e do usufruto constituído, é que se transmitirá, como um todo, a propriedade, consolidada com o registro da transmissão total e plena no Registro Imobiliário.

Nesse passo, relevante é consignar que o usufruto não pode ser penhorado, nem tampouco arrematado por terceiros. O que se poderá penhorar são os rendimentos do bem.

Temos visto a admissibilidade da transferência – cessão – de ditos direitos na partilha de bens em separação consensual.

A vida prática nos tem revelado os adequados instrumentos de cessão de usufruto, ou mesmo de cessão de direitos de usufrutuários, com a interveniência do nu-proprietário, ou mesmo os inúmeros atos de instituição de usufruto, com a manutenção do domínio em favor do nu-proprietário, além de diversos outros atos de alienação da propriedade, com reserva de usufruto, em favor deste usufrutuário, sem qualquer infringência às disposições legais, seja do antigo, seja do vigente Código Civil.

Dos Direitos do Usufrutuário

O usufrutuário, conforme disposto no art. 1.394,

> *"tem direito à posse, uso, administração e percepção dos frutos da coisa."*

No tocante à posse, já comentamos sobre tal direito, valendo aqui acrescentar que o usufrutuário tendo posse direta sobre o bem, pode usar das ações possessórias.

Assim, tal direito se estende ao usufrutuário exatamente porque, de um lado, à luz do disposto nos arts. 1.196 e 1.197, já comentados, o usufrutuário tem, de fato, o exercício, ainda que pleno ou não, de um dos direitos inerentes à propriedade, sendo portanto possuidor, além do que tem, ainda que provisoriamente, da posse direta das utilidades da coisa.

E, por outro lado, não se pode fracionar a propriedade para se admitir posse apenas da propriedade, em sua substância, e não se admitir posse sobre suas utilidades, os frutos e rendimentos que esta produz, sob pena de se descaracterizar toda a instituição do usufruto ou mesmo dos direitos inerentes à posse.

No que concerne ao uso da coisa, tal direito é inerente ao próprio instituto do usufruto, porquanto quem possui direitos sobre as utilidades da coisa é e sempre será aquele que a tem sob utilização, sob seu exclusivo uso, tendo liberdade, assim, de extrair da coisa todos os seus proveitos, cumprindo aqui destacar, outrossim, as pertinentes disposições que consagram tal direito, conforme se vê dos arts. 1.412 e 1.413, que mais adiante comentaremos.

Quanto aos poderes inerentes à administração da coisa, é o usufrutuário a pessoa natural, única e especial a zelar pela conservação e manutenção das próprias utilidades, frutos e rendimentos, sobre os quais mantém, com exclusividade, a inteira relação de direito real.

Relevante é aqui destacar que o usufrutuário pode livremente administrar a coisa, desde que não a aliene, porquanto não tem o *jus abutenti*, cabendo citar, outrossim, as disposições atinentes à administração e gestão, objeto dos arts. 1.400 a 1.404 e do inciso VII do art. 1.410, que mais adiante comentaremos.

No que tange ao direito de percepção dos frutos da coisa, ela constitui a própria essência dos direitos reais de usufruto, cabendo ao usufrutuário receber tanto os frutos naturais como os civis, saldo se houver restrição no respectivo título.

Tanto assim que, se não houvesse esse tal direito ao recebimento dos frutos e rendimentos da coisa, desnaturado estaria o próprio instituto, porquanto não se conceberia a concessão de um direito real sobre fruição e utilidades da coisa, sem que seu titular dela usufruísse, ou mesmo pode-se até conceber que o usufrutuário não queira usufruir das utilidades da coisa ou, pela cessão, vir até a transferir esse direito a terceiros, mas não se admite, por natureza, que ele não tenha esse direito sobre tais utilidades ou rendimentos, cabendo também aqui consignar as disposições atinentes aos arts. 1.395 a 1.398, já comentadas.

Quando o direito real de usufruto recair sobre títulos de crédito, o usufrutuário tem direito a perceber os frutos – encargos, legais e contratuais, que se acrescerão ao valor da dívida, no título representada – e a cobrar as respectivas dívidas, conforme disciplina o art. 1.395, porque tal direito decorre do mesmo princípio atinente ao credor proprietário do crédito, vale dizer: quem é credor de dívida líquida e certa que o título de crédito constitui, pode cobrar as respectivas dívidas que dele decorrerem, inclusive demais consectários legais ou contratuais existentes entre o devedor e o credor, situações que se estendem, de forma absolutamente adequada ao direito cambial, aos usufrutuários na respectiva relacão jurídica obrigacional.

E seu parágrafo único dispõe que,

> *"Cobradas as dívidas, o usufrutuário aplicará, de imediato, a importância em títulos da mesma natureza, ou em títulos da dívida pública federal, com cláusula de atualização monetária segundo índices oficiais regularmente estabelecidos".*

Assim não fazendo, caracterizada estará a má administração ou a presença da figura do mau gestor na imperiosa aplicação dos recursos, onde teremos a extinção do usufruto, a teor do que se vê ao final do inciso VII do art. 1.410, mais adiante a comentar.

Passemos, a seguir, à disposição contida no art. 1.396, onde se determina que,

> *"Salvo direito adquirido por outrem, o usufrutuário faz seus os frutos naturais, pendentes ao começar o usufruto, sem encargo de pagar as despesas de produção".*

Assim, os frutos naturais a que alude tal disposição são aqueles que já vimos nos comentários feitos sobre o art. 1.215, ou seja, aqueles resultantes da concepção e da força da natureza, e desde que pendentes ao início do usufruto, com a aplicabilidade do princípio de isentar o usufrutuário da responsabilidade pelas despesas de produção.

Na relação direta dos atos consistentes no exercício do direito de usufruto inerente às atividades pecuárias e pastoris, com idêntica correspondência legislativa anterior (art. 722 do Código Civil de 1916), temos o art. 1.397, disciplinando que as crias dos animais pertencem ao usufrutuário, deduzidas quantas bastem para inteirar as cabeças de gado existentes ao começo do usufruto.

Nesse sentido, seja para a preservação futura da própria espécie ou mesmo da manutenção quantitativa do rebanho, ou ainda para a sua mais rápida recomposição, inobstante caber ao usufrutuário todo produto resultante dos nascimentos das crias futuras em relação ao início do usufruto, devem ser deduzidas as crias que vierem a existir, de forma que correspondam à mesma quantidade de cabeças de gado existentes antes do usufruto.

No tocante aos frutos civis, já vistos, definidos e comentados quando discorremos sobre o art. 1.215, os vencidos na data inicial do usufruto pertencem ao proprietário, e ao usufrutuário os vencidos na data em que cessa o usufruto, na forma do que dispõe, de forma incisiva e taxativa, o art. 1.398.

Por outro lado,

> *"O usufrutuário pode usufruir em pessoa, ou mediante arrendamento, o prédio, mas não mudar-lhe a destinação econômica, sem expressa autorização do proprietário"*,

consoante normatizado no art. 1.399.

Nesse sentido, em havendo transgressão à norma em questão, extinguir-se-á o usufruto, eis que presente a hipótese contemplada no inciso VIII, do art. 1.410, que mais adiante comentaremos.

Ademais, acresce-se salientar, para ilustrar a causa extintiva do direito real de usufruto, que atitudes do comproprietário, condômino, de dar destinação diversa ao uso da compropriedade no condomínio voluntário – parágrafo único do art. 1.314 –, mesmo que por motivos outros, com danosa repercussão econômica, ensejará ao condômino infrator penalidades indenizatórias e até causa relevante à extinção do próprio condomínio.

Além disso, vemos aqui a consolidação da possibilidade de cessão do usufruto, seja por título gratuito, seja oneroso, a teor da regra que já vimos ao comentar o art. 1.393, uma vez que no tocante ao seu exercício, podemos tê-lo em sua própria pessoa ou sob arrendamento, forma de cessão de direitos, como, por exemplo, a possibilidade da cessão dos alugueres recebidos.

Dos Deveres do Usufrutuário

Temos obrigações gerais atinentes à pessoa do usufrutuário, quais sejam a de gozar da coisa frutuária como um bom pai de família, onde a figura *do bonus pater familias* não se encerra no conceito do homem médio, fixado pela prática com base numa estatística média, mas é um conceito deontológico, fruto de uma estimação, expressa pela consciência geral, como nos ensina Benettini,[32] bem como que deve o usufrutuário gozar da coisa, em conformidade com a destinação que lhe deu o proprietário, como se estivesse cuidando de coisa própria, onde os naturais zelos devem estar presentes.

Com a conjunção desses dois princípios gerais, o usufrutuário sempre manterá os naturais deveres de conservar e de melhorar as condições do bem que lhe foi assim dado em usufruto.

Como obrigações particulares, específicas, que acabam prevalecendo na conformidade de determinadas espécies de bens, a teor da norma estabelecida no art. 1.400, temos que

> *"O usufrutuário, antes de assumir o usufruto, inventariará, à sua custa, os bens que receber, determinando o estado em que se acham, e dará caução, fidejussória ou real, se lha exigir o dono, de velar-lhes pela conservação, e entregá-los findo o usufruto".*

Com esse prévio inventário, constatado fica o que é objeto do usufruto, precisando-lhe os bens entregues e o seu estado, para, ao depois, se verificar o que deverá, assim, ser restituído.

---

[32] BENETTINI, Giorgio. *Compendio di diritto civile*. 2. ed. Milano: Fratelli Bocca, 1942. v. 6, p. 26.

Em caso de usufruto sobre bens imóveis, dispensável será tal inventário, porquanto no próprio instrumento constarão todos os elementos do bem constituído.

No entanto, em relação a bens móveis, sua declaração pormenorizada, com a indicação de seu estado, sempre será relevante.

No tocante à caução definida, prevalecerá apenas se for exigida pelo dono, e terá como natureza, na essência, assegurar a inteira devolução pelo usufrutuário ao nu-proprietário da coisa assim dada em usufruto, bem como garantir eventuais perdas e danos, na hipótese de abusivo gozo pelo usufrutuário.

Quanto ao seu parágrafo único, a incisiva e taxativa norma estabelece que o doador que reserva para si o usufruto sobre o bem doado não está obrigado a dar caução.

Também não necessitam prestar caução os pais e mães, enquanto no exercício do poder familiar, usufrutuários legais dos bens dos filhos, a teor do inciso I do art. 1.689.

Os usufrutuários que não quiserem ou não puderem prestar caução perderão apenas o direito de administrar o usufruto, que, neste caso, passará a ser exercido pelo proprietário,

> *"que ficará obrigado, mediante caução, a entregar ao usufrutuário o rendimento deles, deduzidas as despesas de administração, entre as quais se incluirá a quantia fixada pelo juiz como remuneração do administrador",*

consoante preceitua a incisiva e taxativa regra do art. 1.401.

Por outro lado,

> *"O usufrutuário não é obrigado a pagar as deteriorações resultantes do exercício regular do usufruto",*

a teor da norma contida no art. 1.402.

Com adequado acerto disciplina o legislador civil, mormente quando as deteriorações decorrentes de uso regular da coisa são naturais, vale dizer, são conseqüências do uso normal do bem, donde relevante é a dispensa de seu pagamento.

Nas locações também vemos a extensão de tal acertada disciplina, uma vez que o locatário, finda a locação, deverá restituir a coisa no mesmo estado em que a recebeu, salvo as deteriorações naturais ao uso regular, conforme vemos no inciso IV do art. 569.

De outra parte, pelo que se deflui do art. 1.403 e seus incisos I e II, incumbe ao usufrutuário o dever de suportar

> *"I. as despesas ordinárias de conservação dos bens no estado em que os recebeu",*

além de pagar

> *"II. as prestações e os tributos devidos pela posse ou rendimento da coisa usufruída".*

Tal regra define, por um lado, que todas as despesas ordinárias como consertos, pequenas reparações, obras de pequeno porte, para conservar a coisa, evitando sua deterioração ou desgaste, caberão ao usufrutuário. Além disso, os encargos que pesam sobre a coisa objeto do usufruto, tais como impostos, taxas, condomínios e prêmios de seguro devem também ser pagos pelo usufrutuário.

No tocante às reparações extraordinárias e as que não forem de custo módico, caberão ao dono;

> *"mas o usufrutuário lhe pagará os juros do capital despendido com as que forem necessárias à conservação ou aumentarem o rendimento da coisa usufruída",*

conforme se vê da incisiva e taxativa normatização objeto do art. 1.404.

Nesse particular, o legislador definiu que ao nu-proprietário caberão as despesas com as reparações extraordinárias, seja de alto valor econômico, para a própria manutenção e conservação do bem, seja de sorte a gerar valorização do próprio bem.

Em seu § 1º, o legislador, de forma taxativa e incisiva, não considerou módicas, para os fins e efeitos da disposição legal em causa, as despesas superiores a dois terços do líquido rendimento em um ano.

Já em seu § 2º, vemos inédita disposição, sem qualquer correspondência legislativa anterior,

> *"Se o dono não fizer as reparações a que está obrigado, e que são indispensáveis à conservação da coisa, o usufrutuário pode realizá-las, cobrando daquele a importância despendida".*

Muito adequada à nossa realidade tal inédita disposição, porquanto vem solucionar pendências inerentes à possibilidade, ora presente, de o usufrutuário, dada a relevância da necessidade de realização dessas reparações, indispensáveis à própria conservação da coisa, poder, sem prévio juízo ou mesmo sem prévia autorização do dono, realizar ditas reparações, mesmo em nome do nu-proprietário, descontando deste, afinal, as despesas efetuadas.

No que tange ao usufruto de coisa sobre a qual vier a recair obrigação de pagamento de uma dívida, como é a hipótese legal que se deflui do art. 1.405, o legislador preceitua que se o usufruto vier a recair num patrimônio, ou parte deste, correspondente, assim, aos bens, singulares e coletivos, a teor do que dispõem os arts. 90 e 91,

> *"será o usufrutuário obrigado aos juros da dívida que onerar o patrimônio ou a parte dele",*

sobre que recaia o usufruto.

A regra contida no art. 1.406 é inédita, não havendo, assim, qualquer correspondência legislativa anterior.

Com efeito, preceitua tal disposição que

> *"O usufrutuário é obrigado a dar ciência ao dono de qualquer lesão produzida contra a posse da coisa, ou os direitos deste".*

Este novo preceito deriva do natural dever do usufrutuário de manter, como se sua fosse, a coisa objeto do usufruto.

Daí a necessidade do usufrutuário defender a coisa, impedindo-a de vir a sofrer situações jurídicas desfavoráveis ao nu-proprietário, a quem deve informar de qualquer lesão a seu direito.

Em observância ao mesmo princípio disciplinado no inciso I, do art. 1.403, temos a regra do art. 1.407, disciplinando que

> *"Se a coisa estiver segurada, incumbe ao usufrutuário pagar, durante o usufruto, as contribuições do seguro",*

sendo consideradas, portanto, as coberturas de seguro, como despesa ordinária de conservação do bem objeto do usufruto, além dos demais e já referidos encargos que pesam sobre a coisa, tais como impostos, taxas e condomínios.

Em seus parágrafos, temos detalhadas as situações inerentes à vertente hipótese da coisa segurada, o § 1º disciplinando que se o usufrutuário fizer o seguro, ao proprietário caberá o direito dele resultante contra o segurador, e o parágrafo segundo normatizando que, em qualquer hipótese, o direito do usufrutuário fica sub-rogado no valor da indenização do seguro.

Passemos agora à hipótese de destruição da coisa dada em usufruto, sob seguro, sem culpa do proprietário, o que o legislador estabeleceu no art. 1.408.

Assim, se o edifício sujeito a usufruto for destruído sem culpa do proprietário, não será este obrigado a reconstruí-lo, nem o usufruto restabelecer-se-á caso o proprietário reconstruir à sua custa o prédio. Mas se a indenização do seguro for aplicada à reconstrução do prédio, restabelecer-se-á o usufruto.

Em tal hipótese, podemos conviver com uma das causas de extinção do usufruto, prevista no inciso V do art. 1.410, que veremos mais adiante e, ao mesmo tempo, as condições para o próprio ressurgimento do usufruto.

Com efeito, em havendo cobertura de seguro incidente no prédio destruído e vindo a indenização paga a ser utilizada pelo proprietário na reconstrução do prédio destruído, o usufruto, assim, se restabelecerá.

Por outro lado, temos a regra do art. 1.409, que determina que fica

> *"sub-rogada no ônus do usufruto, em lugar do prédio, a indenização paga, se ele for desapropriado, ou a importância do dano,*

ressarcido pelo terceiro responsável no caso de danificação ou perda".

Em relação a tal disposição, temos duas situações jurídicas distintas: a primeira atinente à hipótese de desapropriação do prédio dado em usufruto, e a segunda contemplando a hipótese de destruição ou perda do prédio por ato culposo de terceiro.

Uma vez presentes quaisquer das duas hipóteses legais cogitadas, sempre serão sub-rogadas, no ônus do usufruto, no lugar do prédio, quaisquer das duas indenizações pagas, seja a decorrente do processo de desapropriação, cujo valor será pago pelo poder expropriante, seja a resultante da indenização pelo dano causado, cuja quantia será ressarcida pelo terceiro responsável pela danificação ou perda do prédio.

O espírito do legislador, mais uma vez, foi o de preservar as condições existentes no usufruto, sem gerar prejuízos ao nu-proprietário e ao usufrutuário, mesmo que atos de força, em decorrência de desapropriação, ou de violência, resultante de ato culposo de terceiro, causem a destruição ou perda do bem objeto do contratado de usufruto, donde a disciplina pertinente à forma do pagamento das indenizações e o direito à sua sub-rogação, mantêm o equilíbrio entre as partes em observância às condições no usufruto ajustadas.

Da Extinção do Usufruto

O direito real de usufruto extingue-se com o cancelamento de seu registro no Cartório de Registro de Imóveis, a teor do art. 1.410, estabelecendo o legislador, em seus incisos I a VIII, as hipóteses pertinentes a sua extinção.

De início, relevante é considerar que somente com o cancelamento de seu registro junto ao Registro Imobiliário, podemos considerar extinto o usufruto, aparelhado o Cartório de Registro de Imóveis para tal ato, procedendo-se na forma dos arts. 248 a 250, da Lei 6.015/1973 (Lei dos Registros Públicos).

Assim, temos como hipóteses de extinção do usufruto, conforme edita o art. 1.410,

"I. pela renúncia ou morte do usufrutuário;"

Tais situações, por si só, conduzem à extinção do usufruto, valendo acrescentar que o ato de renúncia, situação nova a ensejar a extinção do usufruto, deve ser expresso em documento escrito e o falecimento comprovado pela certidão de óbito do usufrutuário.

Por outro lado, imperioso é aqui mencionar a extensão ao usufruto concedido por legado, testamento, consoante a correspondência que se vê ao art. 1.921 do Código Civil, onde se disciplina que, sem fixação de tempo de duração, o legado de usufruto entende-se deixado ao legatário por toda a sua vida e apenas com a morte deste é que será extinto tal usufruto.

"II. pelo termo de sua duração;"

Também incisiva e taxativa tal hipótese, não comportando qualquer interpretação, mesmo porque terminado o prazo convencionado, extingue-se o que se convencionou.

"III. pela extinção da pessoa jurídica, em favor de quem o usufruto foi constituído, ou, se ela perdurar, pelo decurso de trinta anos da data em que se começou a exercer;"

Também taxativa e incisiva é tal circunstância extintiva do usufruto, não comportando qualquer interpretação, vale dizer, se constituído em pessoa jurídica, seu prazo de vigência será de trinta anos.

"IV. pela cessação do motivo de que se origina;"

Não havendo mais a razão que o concebeu, resultará extinto o usufruto, valendo aqui consignar a correspondência legislativa anterior do inciso III do art. 739 do Código Civil de 1916.

"V. pela destruição da coisa, guardadas as disposições dos arts. 1.407, 1.408, 2ª parte e 1.409;"

Necessário considerar a extensão legislativa e sua inteira aplicabilidade às disposições do art. 85, bem como no tocante ao direito do usufrutuário, de que cogita o art. 1.395, já comentado.

"VI. pela consolidação;"

Configura-se tal hipótese de extinção de usufruto quando o usufrutuário adquire o domínio da coisa ou mesmo quando o nu-proprietário adquire o usufruto. Assim, verificadas quaisquer destas duas situações expostas, estarão reunidas (consolidadas), na mesma pessoa, as duas qualidades (de usufrutuário e de nu-proprietário), donde não mais que se cogitar da existência do usufruto.

Tal condição de extinção tem inteira correspondência legislativa anterior, com o art. 739 do Código Civil de 1916, valendo aqui ressaltar a inteira aplicabilidade, dada sua extensão, no tocante à legislação civil vigente, consoante se vê do art. 85 e da norma contida nos arts. 1.392 e 1.395.

"VII. por culpa do usufrutuário, quando aliena, deteriora, ou deixa arruinar os bens, não lhes acudindo com os reparos de conservação, ou quando, no usufruto de títulos de crédito, não dá às importâncias recebidas a aplicação prevista no parágrafo único do art. 1.395;

VIII. pelo não uso, ou não fruição, da coisa em que o usufruto recai (arts. 1.390 e 1.399)."

Com relação a esta hipótese extintiva, cumpre lembrar, como já vimos anteriormente, as disposições objeto dos comentários aos arts. 1.390 e 1.399.

Por outro lado, o art. 1.411 disciplina que

"Constituído o usufruto em favor de duas ou mais pessoas, extinguir-se-á a parte em relação a cada uma das que fale-

> *cerem, salvo se, por estipulação expressa, o quinhão desses couber ao sobrevivente".*

Tal hipótese vem contemplar, por exemplo, os casos em que, por convenção, os pais doadores, ao reservarem para si o usufruto, ou mesmo instituí-lo em seu favor, sobre bem imóvel doado ao filho, podem estipular que a parte do doador pré-morto deverá acrescer à do sobrevivente.

Ademais, relevante é aqui também mencionar a extensão ao usufruto concedido por legado – testamento –, consoante correspondência que se vê no art. 1.946 do Código Civil, onde se disciplina que legado um só usufruto conjuntamente a duas ou mais pessoas, a parte da que faltar acresce aos co-legatários.

8

Do Uso

Tal instituto, por ser a expressão reduzida e limitada do usufruto, não tem grande significação em nosso direito civil, como já traduziu Carvalho de Mendonça[33] ao lecionar que *"o uso constitui uma dessas irrelevantes persistências que fazemos entrar em nossas leis e que nenhum efeito jurídico ligamos completada com extrema felicidade por Lomonaco[34] ao traduzir que "o uso é o diminutivo do usufruto"*.

Assim, tal instituto, ao qual o Código reservou apenas dois artigos e dois parágrafos, não merecerá substanciais comentários.

É relevante deixar claro que o uso, tal como o usufruto, é um direito real – porquanto incide diretamente sobre a coisa –, porém de extensão muito restrita e limitada.

---

[33] MENDONÇA, Manoel Ignacio Carvalho de. *Do usufructo, do uso e da habitação no Código Civil brazileiro*. 2. ed. Rio de Janeiro: Conselheiro Cândido de Oliveira, 1922. p. 251.

[34] LOMONACO. Istituzioni di diritto civile italiano. In: MONTEIRO, Washington de Barros. *Op. cit.* p. 302.

Com efeito, no tocante ao uso, a pessoa gozará da coisa alheia, tal como se vê no usufruto, mas, no tocante à percepção dos frutos e rendimentos, o usuário apenas se servirá da coisa na medida de suas necessidades pessoais e de sua família, sendo certo que, como já vimos no usufruto, o usufrutuário retira da coisa todas as utilidades que ela pode produzir, ainda que ultrapassem ou mesmo excedam quaisquer necessidades próprias ou de sua família.

No direito de uso, se excluem das necessidades do usuário os frutos do comércio, da prestação de serviços ou da indústria, seja destes resultantes ou conseqüentes.

Não obstante podermos ter uso de coisas móveis ou imóveis alheias, tal instituto, se vier a recair sobre bens móveis, não poderá sê-lo sobre bens fungíveis, assim como sobre coisas consumíveis.

Ademais, também diferentemente do usufruto, o uso é indivisível, incessível, não se permitindo, assim, sua cessão, porquanto seu exercício não pode ser cedido e inexiste o direito de acrescer coisas ao direito real de uso.

Nesse sentido, temos a norma legal de que

> *"O usuário usará da coisa e perceberá os seus frutos, quanto o exigirem as necessidades suas e de sua família"*,

tal como disciplinado no art. 1.412.

E em seu § 1º, disciplina que se avaliarão

> *"as necessidades pessoais do usuário conforme a sua condição social e o lugar onde viver"*,

e que nas referidas necessidades de sua família compreender-se-ão as de seu cônjuge, dos filhos solteiros e das pessoas de seu serviço doméstico, a teor do que se vê disposto em seu § 2º, onde o legislador atribuiu à família um sentido mais amplo, pois contempla, além do cônjuge e filhos do usuário, outras pessoas, aquelas de seu serviço doméstico, seguramente pelos laços de afeto nas relações das pessoas da família com tais serviçais, muitas vezes considerados entes da própria família.

Por outro lado, no que tange ao registro do uso sobre bens imóveis, quando não resultar do direito de família, cumpre salientar que aparelhado está o Cartório do Registro de Imóveis a proceder seu registro, na forma do art. 167, inciso I, item 7, da Lei 6.015/1973 (Lei dos Registros Púbicos).

Ademais, no que concerne à concessão de uso de terrenos públicos ou particulares para loteamento urbano, regulada pelo Decreto 271, de 28 de fevereiro de 1967, imperioso é deixar aqui consignada a sua correspondência legislativa, sugerindo que, para a vertente hipótese lá disciplinada, deve-se manter mais extenso estudo.

Acresce-se, ainda, destacar a existência do Decreto Federal 980/1993, que disciplina a cessão de uso e administração de imóveis residenciais da União, como também relevante é o conhecimento e estudo mais aprofundado da Lei 8.955/1994, no tocante aos contratos de franquia empresarial, ditos contratos de *franchising*.

Também sobre o presente tema, relevante é consignar a correspondente disciplina legislativa objeto do Decreto 24.643/1934, também denominado de Código de Águas, e da legislação pertinente à política nacional de recursos hídricos, constante da Lei 9.433/1997, como também a legislação incidente sobre terrenos consistentes em reservas extrativistas, na forma do Decreto 98.897/1990.

De maneira geral, à luz do que dispõe o art. 1.413,

> *"São aplicáveis ao uso, no que não for contrário à sua natureza, as disposições relativas ao usufruto,"*

objeto dos arts. 1.390 a 1.411, aqui já vistos e comentados.

9

Da Habitação

Tal instituto também não tem grande significação em nosso direito civil, como já traduziu Carvalho de Mendonça[35] ao lecionar que *"trata-se de instituto decadente diante dos nossos costumes e com o qual mui raramente depara o legista na prática"*.

Assim, esse instituto, ao qual o Código reservou apenas três dispositivos, também não merecerá substanciais comentários.

De início, relevante é ficar claro que o direito de habitação, tal como o usufruto e o uso, é um direito real – porquanto também incide diretamente sobre a coisa –, porém mais restrito e limitado do que o direito real de uso, sendo reconhecido como espécie do gênero uso.

Com efeito, é um direito real provisório, temporário, aquele que uma pessoa tem de ocupar gratuitamente imóvel alheio, para a sua moradia e de sua família, sendo que não há direito real de habitação sobre coisas móveis.

[35] MENDONÇA, Manoel Ignacio Carvalho de. *Do usufructo, do uso e da habitação no Código Civil brazileiro*. Rio de Janeiro: Conselheiro Cândido de Oliveira, 1922. p. 267.

É o mesmo direito de uso, porém restrito apenas à casa de moradia, tendo esse direito real característica própria, qual seja o uso de casa alheia limita-se à moradia do titular e de sua família, no lecionar de Washington de Barros Monteiro.[36]

Ao contrário do usufruto, o direito real de habitação tem as características da indivisibilidade, da incessibilidade, não se permitindo, assim, sua cessão, porquanto seu exercício não pode ser cedido e inexiste do direito de acrescer coisas ao direito real de habitação.

Assim, vemos no art. 1.414, ao disciplinar que

> *"Quando o uso consistir no direito de habitar gratuitamente casa alheia, o titular deste direito não a pode alugar, nem emprestar, mas simplesmente ocupá-la com sua família"*,

em absoluta coerência e sintonia com o caráter próprio do direito de habitação, diverso do direito real de uso.

Nesse sentido, o restrito direito de habitação não cabe para estabelecimento comercial, nem para atividades de prestação de serviços, e tampouco para a indústria, além do que não pode ser objeto de locação, como também de empréstimo a terceiros, devendo restringir-se exclusivamente à moradia do titular e de sua família, sob pena de desconstituir-se tal direito real de habitação.

No que concerne ao registro do direito de habitação sobre bens imóveis, também quando não resultar do direito de família, cumpre salientar que aparelhado também está o Cartório do Registro de Imóveis para proceder ao seu registro, na forma do mesmo art. 167, inciso I, item 7, da Lei 6.015/1973 (Lei dos Registros Púbicos).

Ademais, imperioso é deixar aqui consignada a sua extensão legislativa, aplicando-se-lhe as disposições pertinentes à sucessão legítima, contidas no art. 1.831, em que é assegurado ao cônjuge sobrevivente, qualquer que seja o regime de bens, sem prejuízo da participação que lhe caiba na herança, o direito real de habitação em imóvel destinado à residência da família, desde que seja o único daquela natureza a inventariar.

---

[36] MONTEIRO, Washington de Barros. *Op. cit.* p. 305.

Também sobre o presente tema, relevante é consignar a sua extensão legislativa, relativamente ao parágrafo único do art. 7º da Lei 9.278/1996, atinente aos direitos dos companheiros, dispositivo legal este que veio regulamentar o § 3º do art. 226 da Constituição Federal, atinente ao reconhecimento, para efeito da proteção do Estado, da união estável entre homem e mulher como entidade familiar.

De outra parte, conforme o art. 1.415,

> *"Se o direito real de habitação for conferido a mais de uma pessoa, qualquer delas que sozinha habite a casa não terá de pagar aluguel à outra, ou às outras, mas não as pode inibir de exercerem, querendo, o direito, que também lhes compete, de habitá-la".*

Também tal norma vem contemplar o inteiro caráter restrito e especial do direito real de habitação, ainda que conferido a mais de uma pessoa.

De maneira geral, a teor do que dispõe o art. 1.416,

> *"São aplicáveis à habitação, no que não for contrário à sua natureza, as disposições relativas ao usufruto",*

objeto dos arts. 1.390 a 1.411, aqui já vistos e comentados.

10

Do Direito do Promitente Comprador

Essa disposição legal, concebida na vigente lei civil, sem qualquer correspondência legislativa anterior, tem grande relevância em figurar, efetivamente, como direito real, consoante se vê do inciso VII do art. 1.225.

Com efeito, toda pessoa titular de direitos de compra sobre um bem imóvel, também chamado de compromissário comprador – inobstante a terminologia da lei civil cogite da expressão promitente comprador –, possui sobre a coisa direito real inerente à aquisição de tal bem imóvel.

Sabemos que o direito real de propriedade sobre bens imóveis se adquire com o registro do respectivo instrumento público de venda e compra no Cartório do Registro de Imóveis, na forma do disposto nos arts. 1.245 a 1.247, já comentados, dado que o legislador assim considerou todos os direitos reais sobre bens imóveis, constituídos e transmitidos, conforme se vê do art. 1.227.

Agora, passou o legislador a compreender, com muito acerto, no âmbito do Código Civil, por direitos reais, todos aqueles direitos em que transpareça e se consagre, de forma objetiva, clara e visível, a irrevogável deliberação contratual da pessoa em adquirir o bem imóvel, decorrente de contrato de promessa de venda e compra, sem pacto de arrependimento, também conhecido como instrumento de compromisso de venda e compra, onde o titular comprador passa a ter direitos reais de compra, de aquisição da coisa que lhe está sendo prometida à venda.

Antes da vigência do atual Código Civil, tal direito real já se contemplava, regido por legislações especiais, o Decreto-Lei 58/1937 e, no que for aplicável, o Decreto 745/1969.

Em decorrência dos citados diplomas legais, convivíamos com a obrigatória inscrição no Registro Imobiliário – à margem da transcrição aquisitiva – do compromisso de venda e compra, por força do qual se garantiam, desde então, direitos de aquisição da propriedade ao compromissário comprador ou promitente comprador sobre o bem imóvel adquirido, oponíveis a terceiros, direitos esses consagrados por robusta doutrina e por remansosa e iterativa jurisprudência de nossos Tribunais.

Assim, vemos assegurados, no âmbito do Código Civil, aos compromissários compradores, ou promitentes compradores, os direitos reais de compra sobre os bens imóveis por eles adquiridos.

Nesse sentido, dispõe o art. 1.417 que,

> *"Mediante promessa de compra e venda, em que se não pactuou arrependimento, celebrada por instrumento público ou particular, e registrada no Cartório de Registro de Imóveis, adquire o promitente comprador direito real à aquisição do imóvel",*

também extensivo aos contratos preliminares, como se vê da norma contida no art. 463, parágrafo único, da lei civil vigente.

Os fundamentos básicos e os essenciais requisitos a conferir o direito real de aquisição ao promitente comprador, resultantes da promessa de venda e compra celebrada, tanto por contrato particular, quanto por instrumento público são:

a. usar e fruir da coisa, a partir do momento em que é transmitida pelo promitente vendedor a posse sobre o bem imóvel;

b. a inexistência de cláusula de arrependimento na promessa de venda e compra;
c. o registro da promessa de venda e compra no Cartório de Registro de Imóveis;
d. a possibilidade de impedir que o promitente vendedor aliene, de forma válida e eficaz, o imóvel a terceiros;
e. a possibilidade de obter, com a quitação do preço objeto da promessa de venda e compra, a adjudicação compulsória do bem imóvel, na hipótese de recusa do promitente vendedor em outorgar a escritura definitiva de venda e compra.

Nesse sentido, relevante é consignar que, celebrada a promessa de venda e compra, o direito real de propriedade ainda se mantém com o promitente vendedor, até como forma de garantir o cumprimento das condições pactuadas na promessa.

Cumprida pelo promitente comprador a promessa, caberá ao promitente vendedor apenas outorgar-lhe a escritura definitiva de venda e compra, transmitindo-lhe a propriedade, sob pena de medida judicial de adjudicação compulsória, em favor do adquirente, capitulada nos arts. 640 e 641 do Código de Processo Civil vigente.

Entretanto, não cumprida pelo promitente comprador a promessa, como, por exemplo, não pago o preço, o contrato será resolvido e o direito real, dessa forma, extinguir-se-á, mercê de procedimento comum, ordinário, de rescisão contratual, cumulado com pedido de reintegração de posse e, muitas vezes, também com perdas e danos, disposições do Código de Processo Civil em vigor.

Cumpre aqui ressaltar a extensão legislativa e sua inteira aplicabilidade, que se vê dos arts. 5º e 22 do Decreto-Lei 58, de 10 de dezembro de 1.937 e do art. 5º do Decreto que o regulamentou, o Decreto 3.079, de 15 de setembro de 1938.

Também relevante é aqui consignar a sua pertinência, no que concerne à lei especial atinente ao parcelamento do solo urbano (Lei 6.766/1979), art. 25, bem como sua extensão e aplicabilidade, relativamente às edificações em condomínio e às incorporações imobiliárias, resultantes da lei especial (Lei 4.591/1964), como se vê do § 2º, de seu art. 32, e do § 4º, de seu art. 35.

Ademais, no que concerne ao ato de registro perante o Cartório do Registro de Imóveis, vemos normatizado tal procedimento no inciso I, item 20, do art. 167 da Lei 6.015/1973 (Lei de Registros Públicos).

Por outro lado, o promitente comprador, titular de direito real, pode exigir do promitente vendedor, ou de terceiros, a quem os direitos deste forem cedidos, a outorga da escritura definitiva de compra e venda, conforme o disposto no instrumento preliminar; e, se houver recusa, requerer ao juiz a adjudicação do imóvel, nos termos do art. 1.418.

Em decorrência deste dispositivo legal, temos que será pressuposto básico a ensejar a ação de adjudicação compulsória a existência do registro da promessa, que confere ao adquirente o direito real de aquisição, no Registro Imobiliário.

Todavia, existe em nosso direito civil e processual civil outra forma de o promitente comprador obter sentença judicial que substitua a vontade do promitente vendedor, objetivando o atendimento da obrigação contratada e não cumprida.

Nesse sentido, temos as disposições atinentes aos contratos preliminares a que aludem os arts. 462 e seguintes do Código Civil, especialmente a regra contida nos arts. 463 e 464.

Considere-se a propósito o art. 461 do Código de Processo Civil, bem como as demais disposições atinentes às obrigações de fazer, capituladas nos arts. 632 a 641 do mesmo diploma legal adjetivo, notadamente as resultantes dos arts. 639 e 640.

Assim tendo, para obter sentença judicial que venha a suprir a vontade do promitente vendedor na outorga da escritura de venda e compra ao promitente comprador, dispensável será o registro do contrato.

Todavia, não podemos esquecer que, nestes casos, não terá o adquirente proponente da pretensão jurisdicional, direito real de aquisição sobre o imóvel adquirido, que só o registro da promessa confere.

De outra parte, cumpre também aqui ressaltar que a promessa de venda e compra sobre imóveis loteados ainda continua regida por lei especial, a Lei 6.766/1979, também conhecida por lei do parcelamento do solo urbano.

Nesses primeiros meses de vigência do Código Civil, já estamos experimentando polêmica em relação à aplicabilidade ou não de leis especiais extravagantes sobre o presente tema, notadamente o Decreto-Lei 58/1937 e sua legislação regulamentadora e o Decreto-Lei 745/1969.

Entendemos que dispositivos legais decorrentes dessas legislações podem conviver com a nova norma civil, até porque não geram obrigações que se possam considerar revogadas, além do que a particularidade e especificidade da norma extravagante não colide, e tampouco agride a norma geral do Código Civil.

Ao contrário, muitas vezes vem se consolidar, no restrito, no particular e no especial, o direito amplo, geral e comum estabelecido, o que faz acertar aqueles, e neles nos incluímos, que consideram se manterem vigentes tais disposições contidas nas extravagantes leis especiais.

Nesse sentido, vemos no Decreto-Lei 58/1937, que dispõe sobre o loteamento e a venda de terrenos para pagamento em prestações, regulamentado pelo Decreto 3.079/1938, relevantes disposições que convivem com a norma nova civil em vigor, sem qualquer conflito de coexistência legal, especialmente a regra contida em seu art. 22, cuja redação foi dada pela Lei 6.014/1973.

Assim, nos contratos a que se refere o art. 22, ainda que conste cláusula resolutiva expressa, a constituição em mora do promitente comprador depende de prévia interpelação, judicial ou mesmo por intermédio do Cartório de Registro de Títulos e Documentos, com quinze dias de antecedência, a teor de norma contida no Decreto-Lei 745, de 7 de agosto de 1969, que, por também não colidir com as disposições gerais do Código Civil sobre o tema, pode com elas conviver.

A experiência prática tem mostrado nos últimos trinta e cinco anos que, no concreto dispositivo em exame, a interpelação prévia só vem revelar seguro ato acautelatório na constituição em mora do devedor, sem quaisquer prejuízos, seja ao promitente comprador, eventualmente inadimplente, seja ao promitente vendedor, credor da obrigação a ser cumprida.

11

Do Penhor, da Hipoteca e da Anticrese

Disposições Gerais

Encontramos, no direito, duas espécies de garantias ao cumprimento de uma obrigação, decorrentes de convenção, de um contrato, as primeiras de caráter pessoal e, as segundas, de caráter real, concebidas no mundo moderno a partir do momento em que a vida e a liberdade da pessoa não mais poderiam ser objeto de garantir tal satisfação, como se experimentava na fase primitiva da vida humana.

Sem prejuízo das garantias estabelecidas em contrato, temos em nosso direito garantias que concedem privilégios a determinados credores, instituídas por lei, tais como os créditos fiscais, trabalhistas, previdenciários e relativos a acidentes de trabalho, além das condições de preferência dada a determinados créditos, como os créditos com direitos reais de garantia, ou mesmo créditos com privilégio especial sobre determinados bens, que encontramos no Decreto-Lei 7.661, de 21 de junho de 1945 (Lei de Falências).

Baseados no princípio de que os bens do devedor – seu patrimônio – é que devem constituir garantia efetiva ao credor por obrigações assumidas, surgiram as espécies de garantias, pactuadas por convenção, quais sejam: as pessoais, onde terceira pessoa se obriga a resgatar o débito não satisfeito pelo devedor principal, como a fiança e o aval, clássicos exemplos de garantia pessoal, e as reais, por força das quais o devedor, ou terceira pessoa em seu nome, oferece bens de seu patrimônio para garantir o cumprimento da obrigação.

No âmbito do presente título, vamos cuidar apenas dos institutos jurídicos atinentes aos direitos reais de garantia, que o legislador civil, a teor dos incisos VIII, IX e X, do art. 1.225, contempla como direitos reais, seja o penhor, seja a hipoteca, seja a anticrese.

Em relação às suas gerais disposições, contidas em seu primeiro Capítulo, veremos e comentaremos as normas contidas nos arts. 1.419 a 1.430, para, depois, nos demais três Capítulos, Seções e Subseções, cuidarmos de examinar cada um desses direitos reais de garantia.

Assim, vemos no art. 1.419 que

> *"Nas dívidas garantidas por penhor, anticrese ou hipoteca, o bem dado em garantia fica sujeito, por vínculo real, ao cumprimento da obrigação".*

Nesses direitos reais de garantia sempre se vinculam determinados bens, móveis ou imóveis, à garantia do cumprimento de obrigação assumida pelo devedor, vale dizer, a natureza jurídica que os reconhece como direitos reais de garantia está direta e intrinsecamente ligada, vinculada, ao reconhecimento de que em tais direitos sempre se vislumbre, se consagre, de forma objetiva e clara, a irrevogável deliberação convencional da pessoa devedora em garantir, com a coisa, com o seu bem, com o seu patrimônio, o cumprimento da obrigação que assumiu.

No tocante à presente regra, relevante é consignar a sua correspondente extensão legislativa relativamente às garantias de penhor e de hipoteca, que os herdeiros devem dar para se imitirem na posse dos bens do ausente, de sorte a assegurar sua restituição, como se vê do art. 30 do Código Civil.

Ademais, também vemos sua extensão legislativa na anulação dos negócios fraudulentos em que se objetiva a atribuição de direitos preferenciais, à luz do art. 165 e seu parágrafo único, e também nos casos de extinção da novação em que não se aproveitam ditas garantias sobre bens dados por terceiro não presente ao ato de novação, conforme se vê do art. 364.

Acresce ressaltar que os direitos reais de garantia – vale dizer, o crédito real – sempre terão preferência em relação ao crédito pessoal de qualquer espécie, consoante disciplina o art. 961.

No que tange ao conceito de quem pode dar tais garantias e do que se pode garantir, vemos normatizadas tais indicações no art. 1.420, que de forma taxativa e incisiva disciplina:

> *"Só aquele que pode alienar poderá empenhar, hipotecar ou dar em anticrese; só os bens que se podem alienar poderão ser dados em penhor, anticrese ou hipoteca".*

Nesse sentido, somente poderá constituir direito real de garantia quem tem capacidade jurídica para alienar, pelo que se tornará nula a constituição destes direitos se for feita por quem não seja proprietário, dono da coisa a ser dada em garantia.

Cumpre aqui consignar, outrossim, que a eficácia da constituição dos direitos reais de garantia está sujeita a prevalência das condições gerais para a prática dos atos jurídicos, inerentes à capacidade da pessoa para os atos gerais da vida civil, asseverando, mais, dentre outras, as relevantes e correspondentes extensões legislativas, seja as atinentes aos cônjuges, que devem obedecer à regra do art. 1.647, seja as inerentes aos filhos, que devem respeito à norma contida no art. 1.691, seja as relativas ao bem de família, a teor do art. 1.717, ou as referentes às imposições ao testador, pertinentes aos bens que compõem a legítima, que devem observar o preceito contido no art. 1.648.

Assim, em relação aos bens sobre os quais se pode constituir direito real de garantia, temos, na taxativa disposição em exame, todos aqueles que, em geral, podem ser objeto de alienação, donde os inalienáveis, os que tiverem quaisquer restrições ao livre exercício da alienação e os demais bens que na lei civil se encontram sob impedimentos legais, ficam fora da permissão de, sobre eles, poderem ser constituídos quaisquer dos direitos reais de garantia.

No que concerne às garantias reais estabelecidas, relativamente à propriedade sobre coisa alheia, *a non domino,* regra já vista e comentada no art. 1.268, não é viável.

Porém, a ocorrência do domínio superveniente revalida a garantia real anteriormente constituída, como se deflui do § 1º do art. 1.420, sob comentário, em que se disciplina que

> *"A propriedade superveniente torna eficaz, desde o registro, as garantias reais estabelecidas por quem não era dono",*

aproveitando aqui para asseverar que, também no tocante ao presente tema, deve-se atenção a correspondente extensão legislativa constante do art. 845 e seu parágrafo único.

Já no que concerne ao seu § 2º, vemos estabelecido que

> *"A coisa comum a dois ou mais proprietários não poderá ser dada em garantia real, na sua totalidade, sem o consentimento de todos; mas cada um pode individualmente dar em garantia real a parte que tiver".*

Com inteiro acerto a taxativa norma contida no parágrafo em exame, seja no tocante aos bens comuns – compropriedade –, provenientes do condomínio voluntário, a teor do que já vimos e comentamos, seja quanto à norma que permite ao condômino de coisa comum edilícia poder gravar a fração ideal que possui, disciplinada no art. 1.314, que também já comentamos.

Relevante destacar é que se o direito real de garantia vier a recair apenas sobre parte ideal do condômino, basta apenas seu consentimento, mas se vier a recair sobre a totalidade do bem em condomínio, será necessário o consentimento dos demais condôminos.

Ademais, também vemos no condomínio edilício a permissibilidade de unidades autônomas futuras serem dadas em garantia, sem a anuência dos demais futuros condôminos, como, por exemplo, a constituição de hipoteca sobre unidades residenciais a serem construídas.

Entretanto, para que não se descaracterize a regra geral, entende-se que deva observar e prevalecer a anuência de todos os futuros condôminos.

Vemos a incisiva e taxativa disposição do art. 1.421, o qual assevera que

> *"O pagamento de uma ou mais prestações da dívida não importa exoneração correspondente da garantia, ainda que esta compreenda vários bens, salvo disposição expressa no título ou na quitação".*

Em não havendo disposição expressa no título ou na quitação do mesmo, tal norma consagra o princípio da indivisibilidade do direito real de garantia, de tal sorte que, inobstante paga qualquer parcela por conta do débito, os bens gravados permanecem integralmente onerados em garantia do saldo devedor, *est tota in toto et tota in qualibet*, conforme nos leciona Dumoulin,[37] citado por Washington de Barros Monteiro, ou seja, toda a coisa, como cada uma de suas frações, responde pela dívida toda, como por cada uma de suas parcelas, como se expressa Lafayette.[38]

Deflui-se, portanto, que não se proíbe a possibilidade do devedor de amortizar a dívida; o que se normatiza, em benefício do credor, é que só com a inteira quitação do débito é que o direito de garantia constituído desaparece.

Nesse sentido, vemos também consagrada a existência do princípio de indivisibilidade dos direitos reais de garantia, na extensão legislativa que se vê das disposições constantes do art. 1.429 e seu parágrafo único – que comentaremos mais adiante –, relativamente aos casos pertinentes a comportamentos dos sucessores do devedor em relação aos direitos reais de garantia. Por outro lado, também relevante é aqui consignar que no art. 1.488, que mais adiante será comentado, encontramos uma exceção à regra da indivisibilidade do

---

[37] DUMOULIN. In: MONTEIRO, Washington de Barros. *Op. cit.*
[38] LAFAYETTE. In: MONTEIRO, Washington de Barros. *Op. cit.*

direito real de garantia, posto que prevê hipótese de divisibilidade da garantia hipotecária.

No que concerne ao princípio da excussão, tal direito vem resultar na norma contida no art. 1.422, valendo aqui consignar que excussão corresponde ao direito que tem o credor de, vencida a obrigação em que há direito real de garantia constituído, promover a sua execução judicial.

Assim, temos na primeira parte da norma contida no art. 1.422 que o credor hipotecário, por créditos decorrentes de hipoteca, e os credores pignoratícios, por créditos decorrentes de penhor, têm o direito de excutir a coisa hipoteca ou empenhada.

Ao falarmos em execução, relevante é consignar que, entre outros, os contratos de hipoteca, de penhor e de anticrese são considerados títulos executivos extra-judiciais, nos termos do inciso III do art. 585 do Código de Processo Civil, além do que o ato de constrição – penhora –, neste procedimento de execução, recairá sobre o próprio bem dado em garantia real, independentemente de nomeação, seja resultante de hipoteca, penhor ou anticrese, conforme preleciona o § 2º do art. 655 do diploma legal adjetivo.

No tocante à segunda parte do mesmo dispositivo legal, aplicável aos casos em que haja mais de uma garantia real constituída, estabelece o legislador que tais créditos têm preferência a outros credores, observada, quanto à hipoteca, a prioridade no registro.

Nesse sentido, os direitos reais de garantia, tais como os demais títulos legais de privilégios, gerais ou especiais, conforme normas resultantes dos arts. 958 a 965, passam, a teor do art. 1.422, a revestir-se da condição de terem preferência legal em relação a outros credores com os quais o devedor tenha, sob outros títulos, constituído garantia.

Vemos também disposta na regra em exame que o prioritário registro da hipoteca tem preferência em relação a todos os demais e supervenientes registros dos direitos reais de garantia.

A prevalência da preferência legal aqui contida tem relevante extensão legislativa, bastando se examinar os casos em que há tal ressalte, como as hipóteses do inciso II do art. 709 e do art. 712, todos do Código de Processo Civil em vigor.

Ademais, procuraremos ressaltar os detalhamentos inerentes ao acima referido prioritário registro ao enfocarmos o art. 1.493 e seu parágrafo único, que mais adiante serão examinados e comentados.

A regra estabelecida pelo art. 1.422 em causa comporta exceção, contida em seu próprio parágrafo único.

Com efeito, excetuam-se da regra estabelecida neste artigo as dívidas que, em virtude de outras leis, devam ser pagas precipuamente a quaisquer outros créditos.

Nesse particular, imperioso é ressaltar os privilégios especiais contidos no Código Civil pátrio e objeto dos incisos I a VIII, do art. 964 e os privilégios gerais, também no mesmo Diploma normatizados e objeto dos incisos I a VIII do art. 965.

No que concerne aos direitos reais de garantia constituídos por anticrese, o legislador determina no art. 1.423 que

> *"O credor anticrético tem direito a reter em seu poder o bem, enquanto a dívida não for paga",*

disciplinando, mais, que

> *"extingue-se esse direito decorridos quinze anos da data de sua constituição".*

Na oportunidade em que examinarmos as disposições objeto dos arts. 1.506 a 1.510, restritas ao direito real de garantia de anticrese, comentaremos a vertente disciplina legal.

Todos os requisitos formais que, por livre convenção, permitem estipular direitos reais de garantia, sob pena de perderem a eficácia em relação a terceiros, vale dizer, não terem força *erga omnes*, encontram-se, de forma taxativa e incisiva, enunciados no art. 1.424.

Com efeito, a teor da incisiva determinação legal, os contratos de penhor, anticrese ou hipoteca declararão, sob pena de não terem eficácia:

> *"I. o valor do crédito, sua estimação, ou valor máximo;*

II. o prazo fixado para pagamento;
III. a taxa dos juros, se houver;
IV. o bem dado em garantia com as suas especificações".

Para que se possa aplicar as disposições pertinentes às formas de se excutir a dívida, contraída com direito real de garantia, ou mesmo para assegurar a sua exigibilidade, via execução de obrigação de fazer, ou mesmo para se promover rescisão contratual de negócio jurídico ajustado com a constituição do direito real de garantia, veremos, primeiro, como o legislador considera vencida a dívida.

Com efeito, o art. 1.425 disciplina que a dívida considera-se vencida:

"I. se, deteriorando-se, ou depreciando-se o bem dado em segurança, desfalcar a garantia, e o devedor, intimado, não a reforçar ou substituir;"

Com acerto tal norma, porquanto não haverá mais qualquer garantia ao credor.

"II. se o devedor cair em insolvência ou falir;"

Nesse particular, cabe aqui inserir as extensões legislativas e sua inteira aplicabilidade, atinentes ao que se vê do art. 751 do Código de Processo Civil e aos arts. 25 e 119, § 1º, da Lei de Falências (Decreto-Lei 7.661/1945).

"III. se as prestações não forem pontualmente pagas, toda vez que deste modo se achar estipulado o pagamento. Neste caso, o recebimento posterior da prestação atrasada importa renúncia do credor ao seu direito de execução imediata;
IV. se perecer o bem dado em garantia, e não for substituído;"

Também com acerto tal disposição, porquanto não haverá mais qualquer segurança ou mesmo garantia ao credor.

> *"V. se se desapropriar o bem dado em garantia, hipótese na qual se depositará a parte do preço que for necessária para o pagamento integral do credor".*

A tal disposição cumpre incorporar o disposto na expressa norma contida no inciso II do art. 959 da lei civil vigente, que assegura, no tocante aos credores hipotecários ou privilegiados, a observância de seus direitos sobre o valor da indenização, se a coisa, obrigada a hipoteca ou privilégio, for desapropriada.

Em seus §§ 1º e 2º, temos

> *"§ 1º – Nos casos de perecimento da coisa dada em garantia, esta se sub-rogará na indenização do seguro, ou no ressarcimento do dano, em benefício do credor, a quem assistirá sobre ela preferência até seu completo reembolso".*

Assim,

> *"§ 2º – Nos casos dos incisos IV e V, só se vencerá a hipoteca antes do prazo estipulado, se o perecimento, ou a desapropriação recair sobre o bem dado em garantia, e esta não abranger outras; subsistindo, no caso contrário, a dívida reduzida, com a respectiva garantia sobre os demais bens, não desapropriados ou destruídos".*

Nas hipóteses do artigo antecedente, quando se tratar de vencimento antecipado da dívida, o legislador deixa, de forma taxativa, a norma contida no art. 1.426, estabelecendo que

> *"Nas hipóteses do artigo anterior, de vencimento antecipado da dívida, não se compreendem os juros correspondentes ao tempo ainda não decorrido".*

Nesse sentido, relevante é também consignar a extensão legislativa que se vê dos incisos I e II do art. 959, da lei civil vigente.

No que concerne ao art. 1.427, vemos disciplinado que,

"Salvo cláusula expressa, o terceiro que presta garantia real por dívida alheia não fica obrigado a substituí-la, ou reforçá-la, quando, sem culpa sua, se perca, deteriore, ou desvalorize".

E, no tocante ao art. 1.428, vemos normatizado que

"É nula a cláusula que autoriza o credor pignoratício, anticrético ou hipotecário a ficar com o objeto da garantia, se a dívida não for paga no vencimento".

Em seu parágrafo único, vemos que

"Após o vencimento, poderá o devedor dar a coisa em pagamento da dívida".

Já no que tange à norma de que cogita o art. 1.429,

"Os sucessores do devedor não podem remir parcialmente o penhor ou a hipoteca na proporção dos seus quinhões; qualquer deles, porém, pode fazê-lo no todo".

E, em decorrência da disposição contida em seu parágrafo único, vemos que

"O herdeiro ou sucessor que fizer a remição fica sub-rogado nos direitos do credor pelas quotas que houver satisfeito".

Ao disciplinar sobre a execução do penhor, o legislador contempla-a, a teor da norma contida no art. 1.430, que dispõe que

"Quando, excutido o penhor, ou executada a hipoteca, o produto não bastar para pagamento da dívida e despesas judiciais, continuará o devedor obrigado pessoalmente pelo restante".

Tal remanescente constituirá pois, dívida de natureza pessoal, não mais ligada ao direito real de garantia, já inteiramente excutido.

Do Penhor

Da Constituição do Penhor

No mesmo diapasão do *jus in re aliena,* de grande importância econômica, o penhor pode ser definido como o direito real que submete coisa móvel ou mobilizável ao pagamento de uma dívida, como nos ensina Clóvis Beviláqua.[39]

Em regra, não é possível constituir penhor sobre bens imóveis. Incide, pois, o penhor sobre todos os bens móveis, corpóreos ou não, singulares ou coletivos, ou mesmo sobre os bens fungíveis.

Em casos muito especiais e específicos, pode vir a recair o penhor sobre bens imóveis, desde que havidos por acessão, instituto que já vimos e comentados anteriormente. Há também alguns casos de penhor rural, penhor agrícola, penhor pecuário, industrial e mercantil, além do que, também em casos especiais, poder se constituir penhor em direitos e em títulos de crédito, como a caução.

Ademais, mercê de penhor constituído em títulos de crédito ou em direitos outros, pode-se, em juízo, dentre outras, ser objeto de prestação de caução, na forma do que dispõe o art. 827 do Código de Processo Civil vigente.

O conceito de penhor vem expresso no art. 1.431, que define que tal direito real de garantia constitui-se

> *"pela transferência efetiva da posse que, em garantia do débito ao credor ou a quem o represente, faz o devedor, ou alguém por ele, de uma coisa móvel, suscetível de alienação".*

De tal conceito deflui-se, em primeiro lugar, que a capacidade do devedor pignoratício, ou de quem por ele constitua tal garantia, além da prevalência da capacidade para os atos da vida civil em geral, estende-se à necessária e imperiosa obrigação legal de ter o poder de disponibilidade sobre o bem, como proprietário da coisa móvel.

---

[39] BEVILÁQUA, Clóvis. *Código Civil.* 11. ed. Rio de Janeiro: Francisco Alves, 1956. v. 3, p. 338.

Em segundo lugar, também por corresponder o penhor a direito real de garantia sobre coisa móvel, donde impera a tradição, instituto que já comentamos, o que constitui, também, elemento básico na configuração de tal garantia.

Assim sendo, a efetiva entrega, a concreta transferência física imediata do bem móvel empenhado, pelo devedor ao credor, é imperativo para a existência do penhor.

Entretanto, temos casos em que, em decorrência de expressa disposição legal, como a constante de seu parágrafo único, permite-se a figura do *constituto possessório* no penhor (o devedor passa a possuir a coisa em nome do credor), ou seja, como disciplinado está em tal parágrafo, no penhor rural, industrial, mercantil e de veículos, as coisas empenhadas continuam em poder do devedor, que as deve guardar e conservar.

Nesses casos, vemos o devedor pignoratício, o devedor da coisa empenhada, com as mesmas características da figura do depositário, não podendo usar e fruir da coisa empenhada, posto que deve apenas tê-la em seu poder, portanto vedada a sua transferência, como também deve guardá-la e conservá-la até o pagamento da dívida, obrigações estas naturais do depositário.

Também cabem ao penhor todas as correspondências e extensões legislativas já inseridas ao comentarmos as disposições gerais dos arts. 1.419 a 1.430, notadamente no tocante aos elementos atinentes ao que se pode dar em penhor – somente as coisas que podem ser alienadas podem ser empenhadas –, e a quem pode assim constituir penhor – somente o proprietário do bem e que dele possa dispor é que pode constituir o penhor. Aplica-se ao penhor o princípio da indivisibilidade, vale dizer, o pagamento parcial da dívida sobre coisa empenhada não libera a garantia constituída – além das demais disposições decorrentes das normas contidas nos arts. 30, 165 e seu parágrafo único, e 364 do Código Civil.

Ademais, relevante é destacar que ao penhor se aplica a regra inerente ao domicílio que tiver a pessoa, em cuja posse se encontre a coisa empenhada, em obediência ao § 2º, do art. 8º, do Decreto-Lei 4.657, de 4 de setembro de 1942 (Lei de Introdução ao Código Civil).

Consoante regra do art. 1.432,

> *"O instrumento do penhor deverá ser levado a registro, por qualquer dos contratantes; o do penhor comum será registrado no Cartório de Títulos e Documentos".*

Nesse sentido, o art. 145 da Lei 6.015/1973 (Lei dos Registros Públicos) consagra que qualquer dos interessados poderá levar a registro os contratos de penhor ou caução. Também mercê de tal disposição, resulta claro que para o Cartório do Registro de Imóveis deverão ser levados a registro os contratos atinentes aos penhores especiais, constituídos sobre bens imóveis, como no caso dos penhores rurais ou penhores industriais e mercantis, consignando-se, ademais, que, a teor do art. 127, inciso II, da supramencionada Lei 6.015/1973 , proceder-se-á, junto ao Cartório de Títulos e Documentos, à transcrição do penhor comum sobre coisas móveis.

Dos Direitos do Credor Pignoratício

O credor pignoratício, assim chamado porque seu crédito resulta de um contrato de penhor, conforme dispõe o art. 1.433 e seus incisos I a V, tem direito à posse da coisa empenhada, à sua retenção, ao ressarcimento do prejuízo que houver sofrido, a promover a execução judicial ou a venda amigável da coisa empenhada, a apropriar-se dos frutos da coisa empenhada que estiver em seu poder e a promover sua venda antecipada sempre que haja receio de perda ou de deterioração.

Com efeito, à luz do inciso I do art. 1.433, tal direito corresponde à essência do penhor, constituído de tal forma que manterá sempre o credor a posse sobre a coisa empenhada, em garantia de seu crédito, excetuando-se apenas os casos de penhores especiais, em que se admite a cláusula *constituto possessório.*

Por outro lado, a teor do inciso II, tem o credor o direito de reter consigo a coisa empenhada, até que lhe sejam pagas as despesas que tiver feito, não ocasionadas por culpa sua, compreendidas as despesas de manutenção e conservação da coisa empenhada.

Referido direito de retenção vai até o cumprimento da obrigação, estendendo-se, entretanto, até o devido ressarcimento da indenização pelas despesas realizadas.

A experiência doutrinária e jurisprudencial tem mostrado que nos penhores rurais, industriais, mercantis e de veículos, se o devedor pignoratício, ao termo do contrato, permanecer com o bem empenhado, passa a ser considerado depositário da coisa empenhada.

De outra parte, nos termos do inciso III, fará jus o credor pelo ressarcimento dos prejuízos que houver sofrido por vício da coisa empenhada.

Nesse sentido, para ter direito ao devido ressarcimento, é preciso que tal vício seja desconhecido do credor à época do contrato.

Ademais, a teor do inciso IV, tem o credor pignoratício direito de excussão da coisa empenhada, como já vimos na norma contida no art. 1.422, promovendo, assim, no caso de inadimplemento da obrigação, execução judicial, em que se objetivará, afinal, a venda em hasta pública do bem empenhado.

Como não pode o credor apropriar-se, de forma automática, da coisa empenhada, em razão da proibição do pacto comissório, nula será a cláusula que autorize o credor a ficar com o objeto da garantia, a teor da norma no art. 1.428.

Entretanto, admite-se, mercê do inciso IV, a venda amigável do bem empenhado, se houver permissão expressa no contrato ou houver autorização do devedor, por instrumento de mandato, *in casu*, mediante instrumento público de procuração.

Relevante é consignar a extensão legislativa em causa, a teor do que dispõe o § 2º, do art. 120 do Decreto-Lei 7.661, de 21 de junho de 1945 (Lei de Falências), pertinente a procedimentos que o credor pignoratício deve observar na falência, relativamente ao direito de mandar vender a coisa empenhada, remi-la ou entregar a coisa objeto do penhor.

No tocante ao inciso V, tal direito de apropriar-se dos frutos da coisa empenhada também consagra a essência do direito real de garantia, sendo certo que isso lhe gera correlata obrigação, o que veremos mais adiante quando comentarmos o inciso IV, do art. 1.435.

Quanto ao inciso VI, assegura-se ao credor pignoratício, nas hipóteses em que se verificar possibilidade de perda ou de deterioração da coisa empenhada, promover a venda da coisa empenhada, anteriormente ao término do contrato, sempre através de autorização judicial, onde se demonstrará ao juiz, com correspondente prova cabal, o preenchimento das condições para o exercício de tal direito.

Nesta hipótese, conforme disciplina do próprio inciso em exame, o devedor, o dono da coisa, para evitar a sua venda, poderá impedir a alienação, substituindo por outra a coisa empenhada, ou mesmo oferecendo outro bem idôneo a garantir o cumprimento da obrigação objeto do contrato.

No tocante ao produto da venda dos bens que constituam objeto de penhor industrial, agrícola ou pecuário, em procedimento falimentar, relevante é acentuar a observância ao disposto no § 4º do art. 125 da Lei de Falências (Decreto-Lei 7.661/1945).

Conforme disciplina o art. 1.434,

> *"O credor não pode ser constrangido a devolver a coisa empenhada, ou uma parte dela, antes de ser integralmente pago, podendo o juiz, a requerimento do proprietário, determinar que seja vendida apenas uma das coisas, ou parte da coisa empenhada, suficiente para o pagamento do credor".*

Das Obrigações do Credor Pignoratício

Os deveres do credor de penhor, o legislador disciplina-os no art. 1.435, em seus incisos I a V.

Com efeito, para a consolidação da essência do penhor, o credor pignoratício é obrigado:

a. à custódia da coisa, como depositário, e a ressarcir ao dono a perda ou deterioração de que for culpado, podendo ser compensada na dívida, até a concorrente quantia, a importância da responsabilidade;

b. à defesa da posse da coisa empenhada e a dar ciência, ao dono dela, das circunstâncias que tornarem necessário o exercício de ação possessória.

Tal disposição é fundamental, porquanto as coisas empenhadas continuam na posse do devedor, que as deve guardar e conservar, a teor do que se vê no parágrafo único, do art. 1.431, já comentado;

c. a imputar o valor dos frutos, de que se apropriar (art. 1.433, inciso V) nas despesas de guarda e conservação, nos juros e no capital da obrigação garantida, sucessivamente;

d. a restituí-la, com os respectivos frutos e acessões, uma vez paga a dívida;

e. a entregar o que sobeje do preço, quando a dívida for paga, no caso do inciso IV do art. 1.433.

No que concerne à alienação fiduciária e ao mercado de capitais, cumpre aqui destacar a extensão legislativa que se vê no art. 1º, do Decreto-Lei 911, de 01 de outubro de 1969, que deu nova redação ao art. 66 da Lei 4.728, de 14 de julho de 1965, disciplinando o mercado de capitais.

Da Extinção do Penhor

O direito real de garantia pignoratícia extinguir-se-á ocorrendo as hipóteses previstas nos incisos I a V, do art. 1.436, que, de forma idêntica, guarda inteira correspondência legislativa com as disposições dos incisos I, II, III, V e VI do art. 802 do Código Civil de 1916, eis que o antigo inciso IV foi suprimido de nossa legislação civil vigente.

Assim, com a extinção da obrigação, na forma do inciso I, extingue-se a garantia real do penhor.

Com efeito, com a ausência da obrigação principal, seja pelo inteiro pagamento, seja por qualquer outra forma extintiva, desaparece a garantia acessória do penhor.

Por outro lado, à luz do inciso II, o perecimento da coisa empenhada, vale dizer, a destruição, o desaparecimento, do objeto do penhor, também conduz que a garantia real se extinga, cabendo aqui mencionar a obrigação do credor pignoratício, objeto do inciso IV, do art. 1.435, já visto e comentado.

Cumpre ressaltar que tal perecimento, dita destruição da coisa empenhada, não conduzirá a extinção da obrigação principal, permanecendo, assim, a responsabilidade do devedor, embora com caráter pessoal, de saldá-la.

De outra parte, a teor do inciso III, ocorrendo a renúncia do credor ao direito real de garantia em questão, também restará extinto o penhor.

Nesse sentido, temos que tal ato unilateral de renúncia deve ser expresso e objetivo, de tal sorte que se possa comprovar tal unilateral manifestação de vontade.

Entretanto, outras atitudes tomadas pelo credor, capituladas na norma contida no § 1º do art. 1.436, que mais adiante comentaremos, levam à legal presunção de que o credor renunciou ao direito real de penhor.

Também relevante é consignar que a renúncia ao penhor por parte do credor não conduz ao reconhecimento de que este renunciou a dívida objeto de seu crédito. Apenas a presença de expressa renúncia da dívida principal é que importará na renúncia do acessório, o penhor.

No tocante ao inciso IV, confundindo-se na mesma pessoa as qualidades de credor e de dono da coisa, também resultará extinto o penhor.

Aplica-se, por exemplo, à questionada hipótese legal, o fato de a coisa empenhada passar a pertencer ao próprio credor, seja por contrato, seja por herança ou legado, o que conduz à extinção do direito real de garantia de penhor, mormente nos casos em que o bem empenhado não é mais do devedor, o que, por si só, desnatura a essência do penhor, porquanto a coisa dada em garantia deve ser do devedor ou de outrem, jamais do credor.

Ocorrendo confusão em parte da dívida garantida, vemos capitulada a norma contida no § 2º do art. 1.436, que mais adiante comentaremos.

É relevante ressaltar a aplicabilidade dos princípios e normas atinentes ao adimplemento e extinção das obrigações, relativamente ao instituto da confusão, consoante se vê das disposições objeto dos arts. 381 a 384 do Código Civil.

Dando-se a adjudicação judicial, a remissão ou a venda da coisa empenhada, feita pelo credor ou por ele autorizada, a teor da regra disposta no inciso V, também se extingue o penhor, sendo relevante asseverar aqui a obrigação do credor pignoratício, objeto do inciso V do art. 1.435, quando a dívida for paga pelo exercício do direito do credor, a que se refere o inciso IV do art. 1.433, além da prevalência da extensão legislativa, nos procedimentos legais objeto da Lei de Falências, a teor de seus arts. 120, § 2º, e 125, § 4º, que devem ser observados pelos credores pignoratícios.

Também relevante é ressaltar que, em se tratando de penhor pecuário, o devedor não poderá alienar os animais empenhados sem prévio consentimento, por escrito, do credor, conforme veremos ao comentar mais adiante o art. 1.445.

Passando ao § 1º do art. 1.436, vemos disciplinados os atos jurídicos concretos, manifestações expressivas de vontade do credor, que, por si só, conduzem ao reconhecimento da existência, por presunção, expressa ou tácita, da extinção do direito real de penhor.

Com efeito, ao restituir voluntariamente a coisa empenhada ao devedor – hipótese legal que considera prova de renúncia expressa pelo credor ao direito real de garantia em questão, a teor da norma contida no art. 387, seja ao consentir na venda particular do penhor, sem reserva de preço – renúncia tácita –, seja ao aceitar outra garantia, em substituição ao bem anteriormente empenhado – renúncia tácita –, são atitudes concretas que fazem crer, sob presunção, que o credor renunciou ao direito real de penhor, um dos pressupostos legais que o considera extinto.

A norma disciplinada no art. 1.437, determina que produz efeitos a extinção do penhor depois de averbado o cancelamento do registro, à vista da respectiva prova.

Nesse sentido, aparelhado está o Cartório do Registro de Imóveis, mercê da possibilidade legal de cancelamento desse direito real de garantia, a teor do que dispõe o art. 250 da Lei 6.015/1973 (Lei dos Registros Públicos).

O cancelamento do registro do direito real de garantia de penhor proceder-se-á em cumprimento de decisão judicial transitada em julgado que assim o determine, ou por meio de requerimento assinado por todas as partes envolvidas no direito real de garantia em questão – o credor e o devedor, com suas firmas reconhecidas por Tabelião –, ou a requerimento do interessado, credor, devedor ou terceiro interessado, instruído com documento hábil – prova cabal da extinção do direito real de garantia em causa.

Do Penhor Rural

Disposições Gerais

Dentre as modalidades de penhor, com objetivo de atender aos diversos interesses da sociedade moderna, notadamente os seguimentos de crédito, temos o penhor especial, chamado de penhor rural, além do penhor agrícola e do penhor pecuário, estes também normatizados e detalhados nas duas subseções que integram a presente Seção.

Com o avançar dos tempos e o advento das novas leis, sensíveis ao progresso do homem em sociedade, vemos compreendidos no penhor rural, o penhor agrícola e o penhor pecuário. O traço que os distingue está no objeto de sua constituição, o agrícola incidindo sobre as coisas relacionadas com a exploração agrícola e o pecuário atinente às coisas relacionadas com a exploração da pecuária.

No tocante ao penhor rural, a teor do art. 1.438, constitue-se

> *"mediante instrumento público ou particular, registrado no Cartório de Registro de Imóveis da circunscrição em que estiverem as coisas empenhadas".*

Referida garantia de penhor rural distingue-se da regra geral do penhor:

a. quanto à tradição da coisa empenhada, que, neste caso, permanece em mãos do devedor pignoratício, não sendo, portanto, transferida ao credor, ocorrendo também aqui a figura do *constituto possessório*, que anteriormente comentamos (o devedor exercerá a posse sobre a coisa em nome do credor);

b. quanto à obrigatoriedade do registro, que, também neste caso, é da essência do penhor rural, porquanto se assegurará ao credor que terceiros tomem conhecimento da garantia real dada, para a imperiosa validade contra os mesmos, *erga omnes*, permitindo, inclusive, ao credor, que não conserva a posse sobre o bem empenhado, o direito de seqüela ou mesmo de remoção preventiva, nos casos em que se vislumbre risco de desvio da coisa empenhada.

No que concerne ao registro, aparelhado está o Cartório do Registro de Imóveis a proceder tal registro, na forma do inciso I, número 15, do art. 167, da Lei 6.015/1973;

c. quanto ao objeto, que, também neste caso, somente poderá incidir sobre determinados bens inerentes às atividades rurais, inclusive bens imóveis havidos por acessão, como já comentamos anteriormente, tais como as plantações, árvores e animais;

d. quanto à sua expressão documental, que assegura a emissão de cédulas de crédito rural pignoratício, que correspondem a títulos de crédito representativos da dívida objeto do penhor, cédulas estas negociáveis no mercado, desde que vinculadas ao instrumento de garantia real do penhor.

Tais títulos e sua aplicabilidade no mercado obedecem a leis especiais, fora do âmbito do Código Civil, tais como a Lei 4.921/1937, atinente às cédulas pignoratícias e ao penhor rural; a Lei 2.666/1955, relativa ao penhor sobre produtos agrícolas; o Decreto-Lei 2.666/1955, incidente sobre o registro do penhor rural; a Lei 4.289/1965, que dispõe sobre o crédito rural; o Decreto-Lei 167/1967, que dispõe sobre títulos de crédito rural; a Lei 8.929/1994, atinente à cédula de produto rural e a Lei 6.015/1973 (Lei de Registros Públicos), cujos dispositivos que incidem sobre a matéria em causa já mencionamos;

e. quanto ao prazo, que, na especial hipótese em questão, será de, no máximo, quatro anos, para o penhor rural agrícola, e de três anos, para o penhor rural pecuário, e que poderão ser prorrogados, uma só vez, por igual período.

Esta última característica do especial penhor rural vem, de forma taxativa e incisiva, disposta no art. 1.439.

A norma contida no § 1º desta disposição legal, inédita na legislação civil, consagra a manutenção da garantia real do penhor rural, ainda que vencidos os prazos estabelecidos, enquanto subsistirem os bens que a constituem, de forma a estender ao credor a possibilidade do exercício de seu direito, bastando a prova da subsistência da coisa dada em penhor rural, mesmo que ultrapassado o prazo ajustado.

No que concerne ao § 2º, também de forma taxativa, e com a mesma intenção da observância ao princípio da publicidade e do resguardo ao credor e aos terceiros, mantendo-se a imperiosa validade do ato de prorrogação contra os mesmos, *erga omnes*, vemos consagrada a obrigatoriedade do ato de averbação junto ao Cartório do Registro de Imóveis, à margem do primitivo registro do penhor rural, dos instrumentos contratuais de prorrogação, mercê de requerimento do credor e do devedor.

Por outro lado, nos termos do art. 1.440, não há óbice à constituição do penhor rural, mesmo sem a anuência expressa do credor hipotecário, quando o prédio se encontrar hipotecado.

Entretanto, no mesmo diapasão da norma em causa, tal constituição do penhor não prejudicará o direito de preferência, nem restringirá a extensão do direito real de garantia hipotecária, ao ser executada.

No que concerne ao art. 1.441, como também vemos em todos os institutos atinentes aos demais direitos reais de garantia, tem o credor o direito a verificar o estado das coisas empenhadas, inspecionando-as onde se acharem, por si ou por pessoa que vier a credenciar.

Com efeito, encontrando-se o devedor pignoratício na posse da coisa dada em penhor rural, imperioso é assegurar ao credor que fiscalize o fiel cumprimento da constituição da garantia, notadamente em relação ao estado da coisa empenhada, até para lhe permitir a preventiva tomada de providências, nos casos de ameaça de desvio do bem empenhado.

Do Penhor Agrícola

Com as mesmas cinco características acima comentadas, que diferenciam o penhor rural comum do especial, temos o penhor agrícola, que pode se constituir mediante instrumento público ou particular, registrado no Cartório do Registro de Imóveis da circunscrição em que estiverem as coisas empenhadas.

Podem ser objeto do penhor agrícola, consoante se infere dos incisos I a V do art. 1.442, as máquinas e instrumentos de agricultura (inciso I), compreendendo, assim, todos os demais equipamentos, ditos implementos agrícolas, que, de forma direta ou indireta, têm que ver com os materiais utilizados no arado da terra, na semeadura, no plantio, na manutenção e conservação da lavoura, na colheita da lavoura e na comercialização da safra.

Também podem ser objeto do penhor agrícola, a teor do mesmo dispositivo legal em questão, as colheitas pendentes ou em vias de formação (inciso II), donde se permite, então, que se estabeleça, na constituição do penhor agrícola, que a coisa empenhada se vincule à garantia real sobre produtos existentes, em fase de colheita ou mesmo já colhidos, porém ainda não comercializados – safras ainda por vender –, ou mesmo sobre futuros produtos a serem colhidos – safra ainda existente na terra, em formação.

Em nossa realidade, e dada a ausência de uma estável e permanente política integrada, convergente, destinada a beneficiar a maioria dos envolvidos na produção agrícola e sua comercialização, com mais recursos e menos custos financeiros, acabamos vendo (seja nas instituições financeiras públicas, seja nas cooperativas de crédito, seja nas instituições financeiras privadas) incalculáveis instrumentos de penhor rural agrícola, por meio dos quais se financiam recursos para cobrir os custos de produção, ou para a manutenção dos fluxos de caixa, presentes e futuros, constituindo-se, sob garantia real, penhor rural agrícola seja atinente a safras em fase de colheita a safras colhidas, mas ainda não comercializadas e a futuras colheitas de safras, ainda em formação.

Podem também ser objeto do penhor rural agrícola os frutos acondicionados ou armazenados (inciso III), como vemos em inúmeros contratos em que se empenham safras colhidas de maçã, devidamente acondicionadas em caixas fechadas, que se identificam por quantidade ou peso, espécie e demais características do produto empenhado, ou mesmo safras de grãos, devidamente armazenadas em silos, em depósitos fechados, com a identificação da espécie, quantidade de sacas, peso ou demais caracterizações dos produtos empenhados.

Também podem ser objeto do penhor rural agrícola, a lenha cortada e o carvão vegetal (inciso IV), valendo aqui as mesmas disposições acima no tocante ao acondicionamento e ao seu armazenamento, lembrando que, não obstante exista legislação condicionante à comercialização de ditos produtos, a constituição do direito real de garantia de penhor rural agrícola sobre os mesmos, dado que não há qualquer restrição no Código Civil, é inteiramente livre.

Podem, ademais, ser objeto de penhor rural agrícola, os animais do serviço ordinário de estabelecimento agrícola (inciso V), tais como os que são utilizados, seja pelo homem, seja pelos equipamentos, para a prática das correspondentes e correlatas atividades essencialmente agrícolas, como bois, vacas, burros e jegues, que ajudam no arado da terra e nos demais serviços ordinários existentes no estabelecimento agrícola.

Em conformidade com o disposto no art. 1.443,

> *"O penhor agrícola que recai sobre colheita pendente, ou em via de formação, abrange a imediatamente seguinte, no caso de frustrar-se ou ser insuficiente a que se deu em garantia".*

Nesse sentido, essa determinação legal de abranger a colheita seguinte, para as hipóteses que contempla, é muito importante, pois vem acolher os casos em que é impossível levantar o penhor, seja por razões econômicas (safra em fase de colheita, ou mesmo colhida, pendente de comercialização, em razão de baixo preço, que não cobre sequer os custos de produção), seja por razões naturais (intempéries que inviabilizam a safra, tais como geadas, chuvas excessivas, incêndios, não tendo havido sequer condições de colheita), sendo possível a aplicabilidade da legal prorrogação, para esses casos, conforme disposto no já visto art. 1.439.

Já em seu parágrafo único, diz que, se o credor não financiar a nova safra, poderá o devedor constituir com outrem novo penhor, em quantidade máxima equivalente à do primeiro, asseverando, ainda, que o segundo penhor terá preferência sobre o primeiro, abrangendo este apenas o excesso apurado na colheita seguinte.

Com acerto, tal disposição, porquanto ocorrendo quaisquer das hipóteses cogitadas no *caput* do art. 1.439, poderá o devedor, se não tiver financiamento da parte do credor, para a nova safra, não mais ter condições de honrar com o penhor constituído, facultando-se-lhe, assim, constituir o segundo penhor com terceiros, limitado à quantia máxima correspondente ao primitivo penhor.

Tal segundo penhor, para fins de liquidação, terá preferência em relação ao primeiro, o qual abrangerá apenas o excesso apurado na colheita seguinte.

Do Penhor Pecuário

Com as mesmas cinco características anteriormente mencionadas, que diferenciam o penhor rural comum do especial, temos o penhor pecuário, que também pode se constituir mediante instrumento público ou particular, registrado no Cartório do Registro de Imóveis da circunscrição em que estiverem as coisas empenhadas.

"Podem ser objeto do penhor rural pecuário"

segundo dispõe o art. 1.444,

> *"os animais que integram a atividade pastoril, agrícola ou de laticínios".*

Com efeito, o rebanho de gado bovino, suíno ou caprino criado para abate, para reprodução ou mesmo para estudos científico-genéticos, como também o rebanho destinado à produção de leite e seus derivados, pode ser objeto de constituição da garantia real do penhor rural pecuário.

O traço característico de tal permissibilidade é que ditos animais realizem as atividades pastoris, agrícolas ou de laticínios, vale dizer, façam parte da inerente atividade laborativa, com expressão econômica.

Neste constituído penhor rural pecuário não pode o devedor alienar os animais empenhados, sem o prévio consentimento, por escrito, do credor, a teor da incisiva e taxativa norma contida no art. 1.445.

Com acerto tal vedação, porquanto a alienação pelo devedor, à revelia do credor, não permitirá a este a restituição da coisa empenhada, para dar cumprimento a uma de suas obrigações, nos termos do inciso IV do art. 1.435, já visto e comentado.

No tocante ao parágrafo único do art. 1.445, vemos consagrada a hipótese, em defesa do credor, segundo a qual

> *"Quando o devedor pretende alienar o gado empenhado ou, por negligência, ameace prejudicar o credor, poderá este requerer se depositem os animais sob a guarda de terceiro, ou exigir que se lhe pague a dívida de imediato".*

Nesse sentido, vemos inúmeros casos em que o devedor, em razão de momentâneas necessidades financeiras, procura fazer dinheiro, alienando os animais empenhados, em flagrante prejuízo ao credor, como também a experiência tem mostrado diversos casos em que os animais empenhados não estão sendo adequadamente tratados, com riscos de perda do próprio rebanho.

Nestes casos, a transferência da guarda do rebanho a terceiro, de confiança do próprio credor, apesar da possibilidade legal de poder exigir que o devedor lhe pague a dívida de imediato, tem se revelado saudável remédio, meio hábil a evitar qualquer dano ou prejuízo.

A aquisição de animais da mesma espécie, comprados para substituir os mortos, fica sub-rogada no penhor rural pecuário, conforme norma contida no art. 1.446.

Com efeito, com objetivo de garantir a essência do penhor, tal dispositivo vem permitir a compra de animais, da mesma espécie, para substituir os mortos, ficando os adquiridos sub-rogados no penhor.

Já vimos algumas contendas judiciais atinentes aos critérios com os quais se define a mesma espécie dos animais comprados, para substituir os animais mortos, onde a jurisprudência consagrou que, além de serem da mesma espécie, devem os animais comprados estar nas mesmas condições de idade e de peso dos animais substituídos.

Em seu parágrafo único, o legislador entendeu considerar presumida a substituição prevista no artigo anterior, mas determinou que não terá eficácia contra terceiros se não constar de menção adicional ao respectivo contrato, a qual deverá ser averbada.

Assim, para que possa prevalecer, para todos os fins e efeitos de direito, notadamente contra terceiros, tal substituição, imperioso é lavrar aditivo contratual, fazendo constar expressamente, por relação detalhada, os animais mortos e os que passam a ser substituídos, levando-se tal adicional documento a averbação, que será procedida à margem do anterior registro do penhor rural pecuário, perante o Cartório do Registro de Imóveis competente.

Do Penhor Industrial e Mercantil

Tal como vimos no especial penhor rural, temos também aqui, com as mesmas cinco características anteriormente detalhadas, que diferenciam o penhor rural comum do especial, o penhor industrial e mercantil.

Tal direito real de garantia, inédito no direito civil brasileiro, sem qualquer correspondência legislativa no Código Civil de 1916, atinente apenas a bens móveis ou de fácil mobilidade ou mobilização, vem dar guarida legal a todas as coisas, seja industriais seja comerciais, também ditas mercantis, que já estão, há muitas décadas, presentes no mundo moderno, notadamente após a grande revolução tecnológica que se verificou depois da Segunda Guerra Mundial, de sorte a permitir que sobre elas possa também se constituir direito real de garantia.

Os bens móveis que, mediante direito real de garantia de penhor industrial e mercantil, também permanecem em mãos do devedor, mediante *constituto possessório,* o qual exerce a posse em nome do credor.

A teor do disposto no art. 1.447, podem ser objeto de constituição do penhor industrial e mercantil,

> *"máquinas, aparelhos, materiais, instrumentos, instalados e em funcionamento, com os acessórios ou sem eles; animais, utilizados na indústria; sal e bens destinados a exploração das salinas, produtos de suinocultura, animais destinados à industrializa-*

> *ção de carnes e derivados; matérias-primas e produtos industrializados".*

Com efeito, temos aqui a mais ampla abrangência de bens móveis, que podem estar sujeitos a esse direito real de garantia, de tal sorte que, atualmente, podemos afirmar que o penhor industrial e mercantil é o direito real de garantia sobre todas as coisas móveis, sejam fungíveis ou não, que podemos observar e experimentar.

No que concerne à sua expressão documental, temos assegurada a emissão de cédulas de crédito industrial e mercantil, que correspondem títulos de crédito representativos da dívida objeto do penhor, cédulas estas negociáveis no mercado, desde que vinculadas ao instrumento de garantia real do penhor.

Referidos títulos, suas regras de circulação e sua aplicabilidade no mercado obedecem a leis especiais, fora do âmbito do Código Civil, tais como: a Lei 4.829/1965, atinente ao crédito rural; o aqui já referido Decreto-Lei 167/1967, que dispõe sobre títulos de crédito rural; o Decreto-Lei 413/1969, incidente sobre títulos de crédito industrial; e a Lei 8.929/1994, que dispõe sobre cédula de produto rural.

Com relação ao seu parágrafo único, no tocante aos bens depositados em armazéns gerais, temos disciplinado que as disposições relativas a armazéns gerais, tal como se vê no Decreto 1.102/1903, regularão o penhor das mercadorias neles depositadas, donde se observarão as normas atinentes a estes estabelecimentos.

O penhor industrial e mercantil, conforme norma contida no art. 1.448, constituir-se-á

> *"mediante instrumento público ou particular, registrado no Cartório do Registro de Imóveis da circunscrição onde estiverem situadas as coisas empenhadas",*

na esteira das mesmas obrigações atinentes à validade e eficácia, com tal registro, de todos os demais direitos reais de garantia de penhor, seja o comum, seja o especial, valendo ressaltar que o Cartório do Registro de Imóveis está aparelhado para tal ato, conforme inciso I, número 4, do art. 167 da Lei 6.015/1973.

Como já anteriormente comentamos, sua expressão documental pode se dar na forma de cédulas, emitidas pelo devedor em favor do credor, com a perfeita representação do respectivo crédito, as chamadas cédulas industriais ou cédulas mercantis.

Assim, na promessa de pagamento da dívida em dinheiro, pode o devedor, com a emissão de tais cédulas, garantidas com penhor industrial e mercantil, dar maior segurança ao credor, que terá em mãos títulos negociáveis no mercado, o que se vê permitido nas disposições contidas em seu parágrafo único.

Porém, a forma e as condições atinentes a tais cédulas industriais ou mercantis são reguladas pelos dispositivos que a lei especial determinar, conforme se vê da legislação acima apontada.

Os bens objeto de garantia de penhor industrial ou mercantil não podem ser alienados sem o consentimento por escrito do credor, como também não pode o devedor alterar as coisas empenhadas ou mudar-lhes a situação, sem o consentimento por escrito do credor, como se vê disciplinado no art. 1.449.

Tal norma determina ao devedor que, mesmo com anuência do credor, se vier a alienar as coisas empenhadas, reponha outros bens da mesma natureza, que ficarão sub-rogados no penhor.

Com efeito, com o mesmo objetivo de garantir a essência do penhor, tal disposição legal vem permitir a reposição de bens da mesma natureza, para substituir os bens alienados, ficando os adquiridos subrogados no penhor.

A experiência tem mostrado, para a aferição dos melhores critérios a definir o entendimento a respeito da discussão sobre a mesma natureza dos bens empenhados em relação aos bens repostos, dado o ineditismo de tal disposição legal, ainda sem jurisprudência formada, que, além da observância da mesma natureza, devem estar presentes as demais características de ordem material e de valoração econômica do bem anteriormente empenhado e em relação ao bem reposto, donde as mesmas condições do fabricante, ano de fabricação, modelo contemporâneo, valor no mercado, e demais itens devem ser correspondentes.

Cumpre deixar aqui assentado que a vedação contida no preâmbulo da norma em causa é salutar, porquanto a alienação pelo devedor, à revelia do credor, não permitirá a este a restituição da coisa empenhada, para dar cumprimento a uma de suas obrigações, nos termos do inciso IV do art. 1.435, já visto e comentado.

Nos mesmos termos do art. 1.441, tem o credor do constituído direito real de penhor industrial ou mercantil, o direito de verificar o estado das coisas empenhadas, inspecionando-as onde se acharem, por si ou por pessoa que credenciar, como se deflui da disposição objeto do art. 1.450.

Com efeito, encontrando-se o devedor pignoratício na posse da coisa dada em penhor industrial ou mercantil, relevante é assegurar ao credor que fiscalize o fiel cumprimento da constituição da garantia, notadamente em relação ao estado da coisa empenhada, até para lhe permitir a preventiva tomada de providências, nos casos de ameaça de desvio do bem empenhado ou mesmo para assegurar que continuam presentes o bom trato, a boa manutenção e conservação dos bens empenhados, de sorte a evitar sua deterioração, perecimento ou destruição.

Do Penhor de Direitos e Títulos de Crédito

Na presente seção, cuidaremos da garantia real de penhor de direitos suscetíveis de cessão sobre coisas móveis, bem como sobre o penhor de crédito.

Não obstante, ao primeiro olhar, termos a impressão de estar fugindo à regra geral estabelecida para a constituição do direito real de garantia de penhor, posto que a vertente disposição legal cuida da garantia sobre direitos que a coisa móvel possui, e não sobre a coisa móvel propriamente dita, temos a ressaltar duas fundamentais características que consagram o penhor de direitos suscetíveis de cessão sobre coisas móveis, bem como o penhor de crédito.

Em primeiro lugar, consideram-se bens móveis, para todos os efeitos legais, entre outros, os próprios direitos reais sobre objetos móveis e as ações correspondentes, na esteira do disposto no inciso II do art. 83 do Código Civil vigente.

Em segundo lugar, vemos que os direitos reais de garantia, entre os quais o penhor, na esteira do que se vê no art. 1.225, quando constituídos ou transmitidos, por atos entre vivos, sobre as coisas móveis, revelam-se existentes com a efetiva tradição da coisa.

Daí nosso legislador civil veio consagrar tal adoção, vale dizer, é direito real de garantia de penhor e que se constitui pela tradição efetiva ao credor de um objeto suscetível de alienação, a fim de lhe assegurar do débito, o que também coincide com as lições de Carvalho Santos.[40]

Nesse sentido, podem ser objeto de penhor direitos, suscetíveis de cessão, sobre coisas móveis, consoante se vê da norma contida no art. 1.451.

Tomemos como exemplo os títulos da dívida pública, os títulos de crédito particulares e as ações de sociedades anônimas, os quais podem ser objeto da constituição do direito real de garantia de penhor.

Por muitos anos se discutiu, na doutrina, a possibilidade ou não de as dívidas ativas poderem ser objeto de penhor, uma vez que, não sendo coisas corpóreas, não eram suscetíveis de uma tradição real.

Nos dias presentes, dado o seu substancial uso especialmente nas atividades negociais bancárias, tal discussão perdeu o interesse, uma vez que toda a legislação, seja de cunho geral, seja especial, admite a possibilidade do penhor que tenha por objeto os títulos de crédito, ou seja, o penhor de crédito.

Relevante aqui é também consignar a extensão legislativa pertinente à admissibilidade da caução de penhor e hipoteca, nos termos do Decreto 24.778/1934.

Constitui-se o penhor de direitos mediante instrumento público ou particular, registrado no Registro de Títulos e Documentos, a teor do art. 1.452, conforme se vê do inciso III do art. 127 da Lei 6.015/1973 (Lei dos Registros Públicos).

---

[40] SANTOS, José Maria de Carvalho. *Código Civil brasileiro interpretado.* 11. ed. Rio de Janeiro: Freitas Bastos, 1961. v. 10, p. 198.

No que concerne ao parágrafo único do art. 1.452, temos, em princípio, a obrigação da transferência ao credor dos documentos probatórios do direito empenhado, ao disciplinar que

> *"O titular de direito empenhado deverá entregar ao credor pignoratício os documentos comprobatórios desse direito, salvo se tiver interesse legítimo de conservá-los".*

Em conformidade com a norma contida no art. 1.453,

> *"O penhor de crédito não tem eficácia senão quando notificado ao devedor; por notificado tem-se o devedor que, em instrumento público ou particular, declarar-se ciente da existência do penhor".*

Assim, o penhor sobre títulos de crédito deve ser notificado ao devedor dessa cambial, para que não pague a dívida ao devedor pignoratício, sendo certo que, se intimado o devedor do título de crédito sob penhor, não terá eficácia a quitação dada pelo credor originário do título de penhor de crédito. Permanece íntegro o crédito do credor pignoratício, que pode cobrá-lo de quem deu má quitação ou mesmo do devedor, eis que solidariamente responsáveis perante o credor pignoratício.

Como já vimos e comentamos anteriormente, uma das obrigações do credor pignoratício se vê constante no inciso III do art. 1.435.

Para confirmar tal dever e até estendê-lo às prestações acessórias, o credor pignoratício, a teor da norma contida no art. 1.454,

> *"deve praticar os atos necessários à conservação e defesa do direito empenhado e cobrar os juros e mais prestações acessórias compreendidas na garantia".*

No que concerne à norma de que se cogita o art. 1.455, vemos que

> *"Deverá o credor pignoratício cobrar o crédito empenhado, assim que se torne exigível. Se este consistir numa prestação pecuniária, depositará a importância recebida, de acordo com o devedor pignoratício, ou onde o juiz determinar; se consistir na entrega da coisa, nesta se sub-rogará o penhor".*

E o seu parágrafo único disciplina que

> *"Estando vencido o crédito pignoratício, tem o credor direito a reter, da quantia recebida, o que lhe é devido, restituindo o restante ao devedor; ou a excutir a coisa a ele entregue".*

Na hipótese de o mesmo crédito ser objeto de vários penhores, aplicar-se-á a regra contida no art. 1.456.

Com efeito,

> *"Se o mesmo crédito for objeto de vários penhores, só ao credor pignoratício, cujo direito prefira aos demais, o devedor deve pagar; responde por perdas e danos aos demais credores o credor preferente que, notificado por qualquer um deles, não promover oportunamente a cobrança."*

E o art. 1.457 disciplina que

> *"O titular do crédito empenhado só pode receber o pagamento com a anuência, por escrito, do credor pignoratício, caso em que o penhor se extinguirá".*

Por outro lado, a teor da norma contida no art. 1.458,

> *"O penhor, que recai sobre título de crédito, constitui-se mediante instrumento público ou particular ou endosso pignoratício, com a tradição do título ao credor, regendo-se pelas Disposições Gerais deste Título e, no que couber, pela presente Seção".*

Passaremos, agora, a comentar os direitos do credor, em penhor, de título de crédito, normatizados pelos incisos I, II, III e IV do art. 1.459.

Com efeito, também para que se observe a permanência da essência em favor do credor por penhor de título de crédito, compete a este, à luz das taxativas disposições contidas nos incisos I, II e III, do art. 1.459, o direito de:

> *"I. conservar a posse do título e recuperá-la de quem quer que o detenha;*
> *II. usar dos meios judiciais convenientes para assegurar os seus direitos, e os do credor do título empenhado;*
> *III. fazer intimar ao devedor do título que não pague ao seu credor, enquanto durar o penhor;*
> *IV. receber a importância consubstanciada no título e os respectivos juros, se exigíveis, restituindo o título ao devedor, quando este solver a obrigação".*

Já no que concerne ao art. 1.460,

> *"O devedor do título empenhado que receber a intimação prevista no inciso III do artigo antecedente, ou se der por ciente do penhor, não poderá pagar ao seu credor. Se o fizer, responderá solidariamente por este, por perdas e danos, perante o credor pignoratício".*

Nesse sentido, relevante é aqui consignar a observância das regras pertinentes à solidariedade passiva, de que cogitam os arts. 275 a 282 do Código Civil, bem como o atendimento às disposições atinentes às perdas e danos, de que tratam os arts. 402 a 405 da lei civil vigente.

E o parágrafo único do art. 1.460 dispõe que

> *"Se o credor der quitação ao devedor do título empenhado, deverá saldar imediatamente a dívida, em cuja garantia se constituiu o penhor".*

Do Penhor de Veículos

Com inteiro ineditismo no direito civil, sem qualquer correspondência legislativa anterior, temos o reconhecimento de tal direito real de penhor, que tem por objeto os veículos empregados em meio de transporte ou condução, conforme se vê do art. 1.461, onde se incluem os carros de passeio, as conduções coletivas, táxis, ônibus, metrô, "peruas" de passageiros comuns, as conduções escolares e aqueles outros que se constituírem em meios de transporte, ainda que não chamados de veículos, como os trens, aviões ou navios, como também todos os demais meios utilizados para o transporte de pessoas ou coisas.

A posse dos bens dados em penhor permanece em poder do devedor, por *constituto possessório,* que já vimos e comentamos anteriormente, por meio do qual o devedor exercerá a posse da coisa em nome do credor.

No tocante à sua constituição, pode ser firmado por instrumento público ou particular, com a obrigatoriedade de seu registro, que, também neste caso, é da essência do penhor de veículos, porquanto se assegurará ao credor que terceiros tomem conhecimento da garantia real dada, para a imperiosa validade contra estes, *erga omnes*, permitindo, inclusive, ao credor, que não conserva a posse sobre o bem empenhado, o direito de seqüela ou mesmo de remoção preventiva, nos casos em que se vislumbre risco de desvio da coisa empenhada.

No que concerne ao seu aludido registro, aparelhado está o Cartório de Títulos e Documentos do domicílio do devedor, nos termos do art. 129, item 7, da Lei 6.015/1973, devendo ser anotado tal direito real de garantia de penhor no certificado de propriedade do veículo, conforme se vê disciplinado no art. 1.462.

Quanto à sua expressão documental, à luz do disposto em seu parágrafo único, em havendo promessa de pagamento

> *"em dinheiro da dívida garantida com o penhor, poderá o devedor emitir cédula de crédito, na forma e para os fins que a lei especial determinar".*

É pressuposto essencial para a existência do especial penhor de veículos, sob pena de não se poder constituí-lo, que os veículos estejam previamente segurados contra furtos, avarias, perecimento e danos causados a terceiros, consoante norma contida no art. 1.463.

Tais condições revelam-se absolutas para a preservação do bem sujeito à garantia do crédito, em favor do credor pignoratício, dados os substanciais riscos a que diariamente estão ditos bens móveis submetidos, seja em razão da extrema violência dos dias atuais, seja em face dos elevados riscos de acidentes de trânsito, que também transtornam nossas vidas diárias sobre rodas, trilhos, asas ou mesmo cascos.

Nos mesmos termos dos arts. 1.441 e 1.450, já vistos e comentados, vemos disciplinado o direito do credor de penhor de veículos, conforme se vê da norma contida no art. 1.464, de

> *"verificar o estado do veículo empenhado, inspecionando-o onde se achar, por si ou por pessoa que credenciar".*

Com efeito, encontrando-se o devedor na posse do veículo dado em penhor, imperioso é assegurar ao credor que fiscalize o fiel cumprimento da constituição da garantia, notadamente em relação ao estado do bem móvel empenhado, até para lhe permitir a preventiva tomada de providências, nos casos de ameaça de desvio do bem empenhado.

A alienação, ou a mudança, do veículo empenhado sem prévia comunicação ao credor importa no vencimento antecipado do crédito pignoratício.

Nesse sentido, relevante é ressaltar que, mesmo que comunicada a alienação ou mudança pelo devedor, em não havendo consentimento do credor, importará no vencimento antecipado da dívida objeto do crédito pignoratício, a teor do que dispõe o art. 1.465.

Tal disposição mantém a segurança nos negócios atinentes ao penhor de veículos, porquanto as cessões e transferências de dívida decorrentes de tais créditos devem ser precedidas da ciência e da concordância do credor, até para que este possa aferir a idoneidade do cessionário, seja em relação às suas condições pessoais, seja em relação à sua capacidade de pagamento da dívida ainda existente.

Quanto ao prazo, vemos que, na especial hipótese em questão, a teor do disposto no art. 1.466, somente se permitirá ajustá-lo em, no máximo, dois anos, podendo ser prorrogado uma só vez, por igual período, averbando-se tal prorrogação à margem do ato correspondente ao respectivo registro. Deve ter partido o legislador civil pátrio para a normatização desta inédita disposição legal, sem qualquer correspondência anterior, para a fixação desse menor prazo – o mais curto entre todos os direitos reais de garantia de penhor –, da relevante consideração inerente à natureza física desses bens suscetíveis dessa constituição de garantia, seja em relação à menor durabilidade dos mesmos, seja em consideração aos elevados índices de riscos que acabam causando deterioração, perecimento ou destruição do bem objeto de tal direito real de garantia. Mesmo que coberta por seguros, tal situação pode causar contendas judiciais desnecessárias, com substanciais prejuízos a todas as partes envolvidas.

Temos exemplos contundentes em favor da presente redução relacionados a casos de veículos furtados, ainda que sob cobertura securitária, bens esses objeto de aquisição mediante contratos de financiamento, em prazos longos, com garantia – alienação fiduciária –, também contraída por prazo longo, anteriormente à vigência de tal inédito dispositivo legal, sob prestações que vão crescendo em maior expressão do que a própria valoração do veículo e sua expressão na apólice do seguro.

Nestes casos, contendas judiciais de natureza financeira se arrastam no Judiciário, sem solução. O valor da cobertura do seguro sobre tais bens não cobre sequer o valor que ainda é devido pelos adquirentes financiados devedores, que, em última análise, acabam se obrigando a quitar os contratos desta natureza, sem condições para tanto, mesmo porque as verbas indenizatórias do sinistro revelam-se insuficientes.

Do Penhor Legal

Por expressa disposição da lei, independentemente da celebração de qualquer ajuste, convenção ou contrato entre partes, temos o penhor legal constituído por determinação legal, que confere a garantia do penhor a determinados credores.

Trata-se de situação jurídica peculiar, cabendo a constituição desse direito real de garantia nos casos previstos em Lei.

Consideram-se, assim, credores pignoratícios por direito de garantia de penhor legal, a teor da norma contida nos incisos I e II do art. 1.467

> *"I. os hospedeiros, ou fornecedores de pousada ou alimento, sobre as bagagens, móveis, jóias ou dinheiro que os seus consumidores ou fregueses tiverem consigo nas respectivas casas ou estabelecimentos, pelas despesas ou consumo que aí tiverem feito".*

Esse mesmo direito, cabe ao

> *"dono do prédio rústico ou urbano, sobre os bens móveis que o rendeiro ou inquilino tiver guarnecendo o mesmo prédio, pelos aluguéis ou rendas".*

No que tange ao disposto no art. 1.468, vemos que

> *"A conta das dívidas enumeradas no inciso I do artigo antecedente será extraída conforme a tabela impressa, prévia e ostensivamente exposta na casa, dos preços de hospedagem, da pensão ou dos gêneros fornecidos, sob pena de nulidade do penhor".*

Por outro lado, no que tange à norma contida no art. 1.469, vemos que

> *"Em cada um dos casos do art. 1.467, o credor poderá tomar em garantia um ou mais objetos até o valor da dívida".*

E o art. 1.470, disciplina que

> *"Os credores, compreendidos no art. 1.467, podem fazer efetivo o penhor, antes de recorrerem à autoridade judiciária, sempre que haja perigo na demora, dando aos devedores comprovante dos bens de que se apossarem".*

Também vemos, por expressa disposição da lei civil, em seu art. 30, que

> *"Os herdeiros, para se imitirem na posse dos bens do ausente, darão garantias da restituição deles, mediante penhores ou hipotecas equivalentes aos quinhões respectivos",*

hipótese essa de efetiva constituição, por lei, do penhor legal e da hipoteca legal.

Por outro lado,

> *"Tomado o penhor, requererá o credor, ato contínuo, a sua homologação judicial",*

conforme se vê da norma contida no art. 1.471.

Com efeito, nesse sentido, na legislação civil adjetiva vigente, a teor dos arts. 874 a 876 do Código de Processo Civil, vemos, em caráter excepcional, a hipótese contemplada pelo art. 1.471, onde o credor, por sua conta e risco, apreende os bens em garantia real de penhor, para, ato contínuo, levar tal penhor à homologação judicial.

É o penhor convencional que, por legítima ação do credor, vem a se transmudar, constituindo-se em penhor legal em decorrência de ato judicial, como a decisão homologatória proferida pelo juiz.

A norma contida no art. 1.472 contempla a hipótese de o locatário vir a impedir a constituição do penhor legal, mediante caução idônea.

Nesse sentido, cabem todas as disposições atinentes ao oferecimento pelo locatário de tal caução, à luz dos dispositivos constantes nos arts. 37 a 42, da Lei 8.245/1991, que regula as locações de imóveis urbanos.

Da Hipoteca

Disposições Gerais

Na evolução das teorias doutrinárias sobre tal direito, vemos juristas do passado, de grande renome, como Carnelutti,[41] que consideram a hipoteca, não como instituto de direito civil, mas, sim, de processo, constituindo o modo de ser da ação executiva.

Para melhor oferecer decisivos ensinamentos sobre tal conceituação, consoante as lições técnicas de Bentham,[42] temos a ressaltar que na hipoteca estão presentes todos os atributos do direito substancial e não do meramente formal. As leis processuais, em relação às leis de fundo, chamam-se leis adjetivas, por equiparação aos adjetivos, que só existem na linguagem em função dos substantivos.

Assim, a hipoteca, pela sua estrutura, feição, predicados e efeitos, não tem esse caráter adjetivo, inscrevendo-se, indiscutivelmente, entre os direitos substantivos, disciplinados pelas leis de fundo,[43] leis estas materiais, substantivas, sendo, portanto, instituto do direito civil.

A hipoteca, como declarado de forma expressa na lei civil vigente, norma contida no art. 1.225, inciso IX, é direito real, vinculando sempre o bem gravado, de sorte a assegurar o cumprimento da obrigação.

E é direito real de garantia, também assim declarado por lei, consoante se vê das disposições gerais constantes dos arts. 1.419 a 1.430 do Código Civil, já vistas e comentadas, revelando-se, de forma inquestionável, que tal direito real de garantia confere ao seu respectivo titular poder direto sobre a coisa dada em garantia, representando, assim, a garantia real por excelência, além do que revela ser o instituto

---

[41] CARNELUTTI, Francesco. *Revista de direito processual civil.* 4. ed. Padova: A. Milano, 1936.

[42] BENTHAM. *Traité des preuves judiciaires.* In: MONTEIRO, Washington de Barros. *Op. cit.*

[43] *Traité des preuves judiciaires*, Liv. 1º, cap. 1º; Pacifici-Mazzoni, Il codice civile italiano commentato, v. 14, n. 101.

mais potente do crédito, no dizer de Ignazio Moschella[44] (citado por Washington de Barros).

Como todo direito real de garantia, é acessório, não podendo existir sem a obrigação a que acede e cuja sorte segue, donde sua existência depende dessa obrigação principal, que se destina a assegurar, no lecionar de Washington de Barros Monteiro.[45]

Nessas lições do saudoso professor, vemos que comportam o direito real de garantia de hipoteca todas as obrigações de natureza econômica de dar, de fazer, de não fazer, presentes ou futuras, atuais ou preexistentes, civis ou comerciais, simples ou condicionais, do próprio outorgante ou mesmo de terceiros.

À luz da melhor doutrina citada e das sábias lições jurisprudenciais que a experiência da vida profissional e acadêmica nos permite usar, gozar e fruir, podemos afirmar que a hipoteca é o direito real de garantia, de natureza civil, que incide, em regra, sobre bens imóveis do devedor ou de terceiros, com caráter de indivisibilidade, salvo estipulação em contrário, e com a observância do princípio basilar da acessoriedade, não subsistindo, assim, sem a existência de um crédito, sem que haja da parte do devedor a transmissão da posse ao credor. Pode, também, recair sobre alguns bens móveis, assim definidos em lei.

Podem ser objeto de constituição do direito real de garantia de hipoteca, como se vê disciplinado nos incisos I a VII do art. 1.473, os imóveis e os acessórios dos imóveis conjuntamente com eles; o domínio direto; o domínio útil; as estradas de ferro; os recursos naturais a que se refere o art. 1.230, independentemente do solo onde se acham; os navios e as aeronaves.

De início, vemos passíveis de hipoteca os imóveis (inciso I), e tudo o que a eles vier a se incorporar, como as acessões, tais como árvores, plantações e construções, que já comentamos anteriormente.

Dentro do mesmo inciso I, vemos também os acessórios dos imóveis, conjuntamente com eles, considerados, assim, os bens que, se-

---

[44] MOSCHELLA, Ignazio. *Nuovo Digesto Italiano*. In: MONTEIRO, Washington de Barros. *Op. cit.*

[45] MONTEIRO, Washington de Barros. *Op. cit.* p. 368.

parados dos imóveis, revelam-se coisas móveis mas, enquanto estejam sendo utilizados de forma integrada, coesa e com as características de utilidade, ou mesmo essencial à exploração industrial ou comercial do imóvel, passam a ser considerados também como bens imóveis.

No tocante aos incisos II e III, vemos passíveis de constituição de hipoteca o domínio direto e o domínio útil, figuras decorrentes do extinto direito real de enfiteuse, onde se estabeleciam as relações entre os direitos do enfiteuta – foreiro – e os do senhorio direto, o que não mais temos em nossa legislação civil, mas que ainda gera efeitos jurídicos resultantes de sua constituição na vigência do antigo Código Civil, subordinando-se, assim, as existentes, até sua extinção, às disposições do Código Civil de 1916, conforme se vê das disposições transitórias objeto do art. 2.038 da vigente lei civil.

No que tange ao inciso IV, pode-se constituir hipoteca sobre as estradas de ferro, compreendendo todo o complexo que integra o sistema ferroviário, tais como maquinários, locomotivas, vagões de passageiro ou de carga, linhas, trilhos e estações.

No que tange ao inciso V, são passíveis de hipoteca os recursos naturais a que se refere o art. 1.230, independentemente do solo onde se achem, tais como as jazidas e minas, lembrando aqui, como já comentamos, que as minas, por disposição constitucional emanadas do art. 176 da Constituição Federal, são de propriedade da União e que, por concessão, permite-se sua exploração por particulares.

Ademais, a teor do inciso VI e VII, inobstante se constituírem em bens móveis por natureza, são também passíveis de hipoteca os navios e as aeronaves, estas últimas consideradas, de forma inédita, passíveis de hipoteca com o advento do vigente Código Civil.

A constituição do direito real de garantia de hipoteca sobre navios e aeronaves reger-se-á por disposto em lei especial, conforme norma contida no parágrafo único do art. 1.473, em que vemos a aplicabilidade de tais legislações especiais, a teor das normas constantes do Código Brasileiro de Aeronáutica (Lei 7.565/1986), e das constantes na Lei de Registro da Propriedade Marítima (Lei 7.652/1988).

Nesse sentido, cumpre ressaltar que a publicidade da hipoteca será objeto de inscrição no porto ou no aeroporto a que se referir a matrícula do respectivo bem móvel.

Para ilustrar o presente tema, imperioso é também consignar quais os bens que não podem ser passíveis de constituição de hipoteca:

a. os bens inalienáveis, como, por exemplo, todos aqueles que, por deliberação constante de cláusula expressa, forem assim considerados (cláusula de inalienabilidade);

b. todos os direitos reais propriamente ditos também não podem ser objeto de alienação a terceiros, não podendo, assim, ser objeto da constituição do direito real de garantia de hipoteca, tais como a servidão, o uso e o usufruto.

Cabe aqui esclarecer que nada impedirá que bens imóveis, já gravados por usufruto ou por servidão, sejam hipotecados. O que não se pode é hipotecar os direitos reais em si mesmos;

c. os bens que integram a sucessão legítima aberta – compondo os bens do Espólio – também não podem ser hipotecados, além do que passam a ser indivisíveis, por determinação legal, até a efetivação da partilha, pelo que somente com o registro do respectivo formal de partilha ou da carta de adjudicação é que os herdeiros podem constituir hipoteca sobre tais bens.

A disposição contida no art. 1.474 disciplina que

> *"A hipoteca abrange todas as acessões, melhoramentos ou construções do imóvel. Subsistem os ônus reais constituídos e registrados, anteriormente à hipoteca, sobre o mesmo imóvel".*

Com efeito, as árvores, as plantações e todas as edificações e melhoramentos existentes no bem imóvel integram o gravame hipotecário ao mesmo constituído, lembrando-se, outrossim, que compreendem a hipoteca todos os bens havidos por acessões, já vistos e comentados, resultantes das disposições contidas nos arts. 1.248 a 1.259.

Nenhuma dúvida pode pairar a respeito do alcance da presente norma, de tal sorte que se a hipoteca for constituída sobre um terreno e no seu título aquisitivo constar a existência de prédio neste edificado, a este se estenderá o gravame, porque também tal edificação é considerada mero acessório do solo e, como tal, não pode constituir propriedade autônoma, distinta. Resulta claro que não será lícito hipotecá-los separadamente, senão conjuntamente com o chão no qual repousam, como bem leciona Lafayette.[46]

Em obediência a tal princípio, subsistirão os ônus reais anteriormente constituídos e registrados à hipoteca sobre o mesmo imóvel.

A norma contida no art. 1.475, de cunho inédito, sem qualquer correspondência legislativa anterior, declara ser nula a cláusula que proíbe ao proprietário alienar imóvel hipotecado, seja porque tal gravame passará ao adquirente, sem ofensa ao direito que tem o transmitente de alienar o imóvel gravado, seja porque a manutenção, transmissão ou mesmo exoneração do gravame hipotecário não desnatura a alienação.

Assim, com inteiro acerto a taxativa e incisiva norma que, inclusive, veio a dar o adequado resguardo a toda sorte de contratos de venda e compra, com cessão de direitos e obrigações e/ou com assunção de débito hipotecário, que já se experimentam no direito privado, seja entre particulares entre si, seja também entre particulares e os agentes do sistema financeiro, onde já se vê contemplada a cessão do ônus hipotecário que continuará gravando o imóvel sendo transmitida ao adquirente conjuntamente com o domínio sobre o mesmo.

Nesse sentido, também é relevante destacar que dentro do título atinente à transmissão das obrigações vemos disciplinada pelo legislador civil, no bojo do capítulo pertinente à assunção de dívida, a regra do art. 303, que consagra tal transferência do gravame, nas condições lá previstas.

O dispositivo contido no art. 1.476 determina que

> *"O dono do imóvel hipotecado pode constituir outra hipoteca sobre ele, mediante novo título, em favor do mesmo ou de outro credor",*

norma esta que, de forma idêntica, veio do art. 812 do Código Civil anterior.

---

[46] PEREIRA, Lafayette Rodrigues. *Op. cit.* p. 435-436.

Já o art. 1.477, que também reproduz, de forma idêntica, o dispositivo da revogada norma contida no art. 813 do Código Civil anterior, não permite que o credor, por segunda hipoteca, embora vencida, execute o imóvel, antes de vencida a primeira, salvo o caso de insolvência do devedor.

De início, imperioso é reportar as disposições pertinentes à insolvência do devedor – que deverá ser comprovada, para fins de aplicação da norma civil contida no art. 1.477 –, devidamente capituladas nos arts. 748 a 750 do Código de Processo Civil vigente.

Nesse sentido, para exemplificar, temos que, presente a insolvência do devedor, poderá o credor hipotecário, evitando a alienação judicial do bem gravado, obstar a venda judicial do bem hipotecado sobre o qual se admite recair penhora.

Por outro lado, em não havendo insolvência do devedor, donde se presume permanência da capacidade de solver suas dívidas, também não poderá o credor hipotecário executar o imóvel, mesmo que sob segundo gravame hipotecário vencido, antes do vencimento da primeira hipoteca.

Não obstante as considerações da lei adjetiva pertinentes à insolvência, normas que resultam dos arts. 748 a 750 do Código de Processo Civil, o parágrafo único do art. 1.477 determina que

> *"Não se considera insolvente o devedor por faltar ao pagamento das obrigações garantidas por hipotecas posteriores à primeira".*

Nesse sentido, a falta de pagamento a que alude o dispositivo em exame caracteriza, assim, o devedor inadimplente, porém não insolvente, exatamente porque poderá possuir bens que excedam a importância de suas dívidas. Tal norma vem considerar apenas inadimplente o devedor em relação a outras obrigações contraídas e garantidas por hipotecas posteriores à primeira, donde também não se poderá executar o imóvel.

Em estrita observância às normas atinentes ao pagamento com sub-rogação, dispostas nos incisos I a III do art. 346 do Código Civil, vem o legislador normatizar, com a regra contida no art. 1.478, que

> *"Se o devedor da obrigação garantida pela primeira hipoteca não se oferecer, no vencimento, para pagá-la, o credor da segunda pode promover-lhe a extinção, consignando a importância e citando o primeiro credor para recebê-la e o devedor para pagá-la; se este não pagar, o segundo credor, efetuando o pagamento, se sub-rogará nos direitos da hipoteca anterior, sem prejuízo dos que lhe competirem contra o devedor comum".*

Tal norma consagra que, em favor do pagador, operar-se-á, de pleno direito, a sub-rogação de que cogita o inciso I do mencionado art. 346.

Em seu parágrafo único, vemos disposta a conduta que deverá tomar o primeiro credor, disciplinando que

> *"Se o primeiro credor estiver promovendo a execução da hipoteca, o credor da segunda depositará a importância do débito e as despesas judiciais".*

Ao tratarmos da permitida transferência do gravame hipotecário, sem que se obste a alienação do imóvel, ficou demonstrado a obrigatoriedade do efetivo assentimento do adquirente, via cessão de direitos e/ou assunção da dívida hipotecária, cabendo-lhe continuar pagando a dívida ao credor hipotecário.

No tocante à hipótese do adquirente de imóvel hipotecado, que não tenha sido obrigado a pagar tais dívidas ao credor hipotecário, vemos normatizadas as faculdades deste em exonerar-se da hipoteca, de abandonar o imóvel, de notificar os demais credores hipotecários. Além disso, também tem o direito de remição da hipoteca, além de poder adjudicar o imóvel, para recebimento de seu crédito hipotecário, conforme passaremos a ver dos arts. 1.479 a 1.483.

Com efeito, a teor da norma contida no art. 1.479,

> *"O adquirente do imóvel hipotecado, desde que não se tenha obrigado pessoalmente a pagar as dívidas aos credores hipotecários, poderá exonerar-se da hipoteca, abandonando-lhes o imóvel".*

Ademais, no art. 1.480, o adquirente notificará o vendedor e os credores hipotecários, deferindo-lhes, conjuntamente, a posse do imóvel, ou deposita-lo-á em juízo.

Poderá também o adquirente, conforme parágrafo único,

> *"exercer a faculdade de abandonar o imóvel hipotecado, até as vinte e quatro horas subseqüentes à citação, com que se inicia o procedimento executivo".*

A teor do art. 1.481,

> *"Dentro de trinta dias, contados do registro do título aquisitivo, tem o adquirente do imóvel hipotecado o direito de remi-lo, citando os credores hipotecários e propondo importância não inferior ao preço por que o adquiriu".*

Em seus §§ 1º e 2º, vemos detalhadas as hipóteses de impugnação e de não impugnação do preço pertinente à aquisição do imóvel ou da importância oferecida.

Assim, no § 1º,

> *"Se o credor impugnar o preço da aquisição ou a importância oferecida, realizar-se-á licitação, efetuando-se a venda judicial a quem oferecer maior preço, assegurada preferência ao adquirente do imóvel".*

Por outro lado, se o credor não impugnar o preço da aquisição ou o preço proposto pelo adquirente, haver-se-á por definitivamente fixado para a remição do imóvel, que ficará livre de hipoteca, uma vez pago ou depositado o preço.

No seu § 3º, vemos normatizada a hipótese de não remição pelo adquirente do imóvel.

Assim, se o adquirente deixar de remir o imóvel, sujeitando-o a execução, ficará obrigado a ressarcir os credores hipotecários da desvalorização que, por sua culpa, o imóvel vier a sofrer, além das despesas judiciais da execução.

Também em estrita observância às normas atinentes ao pagamento com sub-rogação, dentre elas a taxativa disposição objeto do inciso II do art. 346 do Código Civil, vem o legislador normatizar, com tal fundamento, a norma constante do § 4º do art. 1.481, em que se vê que

> *"disporá de ação regressiva contra o vendedor o adquirente que ficar privado do imóvel em conseqüência de licitação ou penhora, o que pagar a hipoteca, o que, por causa de adjudicação ou licitação, desembolsar com o pagamento da hipoteca importância excedente à da compra e o que suportar custas e despesas judiciais".*

Em tal hipótese, obrigatória será a denunciação à lide daquele que estiver obrigado, pela lei ou pelo contrato, a indenizar, em ação regressiva, o prejuízo do que perder a demanda, nos expressos termos do inciso III do art. 70 do Código de Processo Civil vigente.

No caso de falência ou insolvência do devedor hipotecário, o direito de remição defere-se à massa, ou aos credores em concurso, não podendo o credor recusar o preço da avaliação do imóvel (art. 1.483).

Pode o credor hipotecário, para pagamento de seu crédito, requerer a adjudicação do imóvel avaliado em quantia inferior àquele, desde que dê quitação pela sua totalidade.

Nesse sentido, cumpre aqui destacar a aplicabilidade da norma contida no art. 1.430 do Código Civil, que determina a responsabilidade pessoal do devedor quando da execução da hipoteca, o produto não bastar para o pagamento da dívida e despesas judiciais.

Também relevante é a correspondência legislativa pertinente, que se vê do § 2º do art. 125 do Decreto-Lei 7.661/1945 (Lei de Falências).

No parágrafo único do art. 1.483, vemos assegurada a possibilidade de o credor hipotecário adjudicar, para si, o imóvel nas condições estabelecidas.

Com efeito,

> *"Pode o credor hipotecário, para pagamento de seu crédito, requerer a adjudicação do imóvel avaliado em quantia inferior àquele, desde que dê quitação pela sua totalidade".*

Nesse particular, cumpre destacar a correspondência legislativa que se vê no *caput* do art. 119, do Decreto-Lei 7.661/1945 (Lei de Falências).

É licito aos interessados fazer constar das escrituras o valor entre si ajustado dos imóveis hipotecados, o qual, devidamente atualizado, será a base para as arrematações, adjudicações e remições, dispensada a avaliação.

Assim, vemos a sábia prevalência da manifestação de vontade das partes, dispensando-se avaliações, exatamente porque se elas ajustam mutuamente, por consenso, em escritura pública, os valores dos imóveis hipotecados, será este o valor base para as futuras arrematações, adjudicações e remições.

Por extensão e por ilação ao que se vê da norma contida no inciso I do art. 684 do Código de Processo Civil, em jurisprudência pertinente à aplicabilidade de tal norma ao caso em que não se procede avaliação judicial,[47] se o credor aceitar a estimativa feita na nomeação de bens, temos que entender que a disposição do pacto de garantia feita com base na estimativa do devedor deve ser ratificada ou não em Juízo, donde a avaliação, assim, passa a depender de audiência das partes.

Ademais, vemos no art. 1.485 que

> *"Mediante simples averbação, requerida por ambas as partes, poderá prorrogar-se a hipoteca, até perfazer vinte anos, da data do contrato. Desde que perfaça esse prazo, só poderá subsistir o contrato de hipoteca, reconstituindo-se por novo título e novo registro; e, nesse caso, lhe será mantida a precedência, que então lhe competir".*

Não obstante a validade do registro da hipoteca se manter enquanto perdurar a obrigação, tal norma determina, ao termo de vinte anos, a obrigatória renovação do título constitutivo da hipoteca, vale dizer, sua especialização, em completando vinte anos, há de ser renovada.

---

[47] RTFR. v. 84, p. 11.

Sem qualquer correspondência legislativa anterior, o legislador civil atual entendeu de permitir, no ato constitutivo da hipoteca, que o credor e o devedor autorizem a emissão de cédula hipotecária.

Com efeito, a norma contida no art. 1.486 prevê que

> *"Podem o credor e o devedor, no ato constitutivo da hipoteca, autorizar a emissão da correspondente cédula hipotecária, na forma e para os fins previstos em lei especial".*

Nesse sentido, quanto à sua expressão documental, vemos assegurada a regular emissão de cédulas de crédito hipotecário, que correspondem a títulos de crédito representativos da dívida objeto da hipoteca – cédulas estas negociáveis no mercado –, desde que vinculados ao instrumento de garantia real da hipoteca.

Tais títulos, suas regras de circulação e sua aplicabilidade no mercado, obedecem a leis especiais, fora do âmbito do Código Civil, tais como o Decreto-Lei 70/1966, pertinente às associações de poupança e empréstimo e às cédulas hipotecárias.

O direito real de garantia de hipoteca pode ser constituído para garantia de dívida futura, ou condicionada, desde que determinado o valor máximo do crédito a ser garantido.

Assim, normatizada se vê tal permissão no art. 1.487, sem qualquer correspondência legislativa anterior:

> *"A hipoteca pode ser constituída para garantia de dívida futura ou condicionada, desde que determinado o valor máximo do crédito a ser garantido".*

No que tange ao condicionamento de que cogita a presente norma, isso nos remete ao tema da condição, que subordina o negócio jurídico a evento futuro, sendo importante aqui destacar as disposições constantes dos arts. 121 a 137.

No que concerne ao art. 1.488, vemos normatizado que

> *"Se o imóvel, dado em garantia hipotecária, vier a ser loteado, ou se nele se constituir condomínio edilício, poderá*

o ônus ser dividido, gravando cada lote ou unidade autônoma, se o requererem ao juiz o credor, o devedor ou os donos, obedecida a proporção entre o valor de cada um deles e o crédito".

Em seu § 1º, determina-se que

"O credor só poderá se opor ao pedido de desmembramento do ônus, provando que o mesmo importa em diminuição de sua garantia".

Já no tocante ao seu § 2º, vemos incisiva e taxativamente disciplinado que,

"Salvo convenção em contrário, todas as despesas judiciais ou extrajudiciais necessárias ao desmembramento do ônus correm por conta de quem o requerer".

No que tange à taxativa norma estabelecida em seu § 3º, vemos que

"O desmembramento do ônus não exonera o devedor originário da responsabilidade a que se refere o art. 1.430, salvo anuência do credor".

Da Hipoteca Legal

A experiência nos tem mostrado que os operadores do direito freqüentemente se utilizam, no tocante ao direito real de garantia de hipoteca, da hipoteca convencional, fruto de acordo entre as partes.

Todavia, vemos em nosso direito duas outras modalidades: a hipoteca legal, norma de direito civil, e a hipoteca judiciária, também chamada de judicial, norma de direito processual civil. A primeira é assim chamada pois sua origem decorre de lei, e a segunda, tem como sua fonte, a sentença judicial, que a faz nascer.

Assim, com espírito social paternalista, objetivando resguardar a sociedade como um todo das conseqüências dos atos de irresponsabilidade, civil e penal, de alguns, temos a hipoteca legal.

Já dissemos que uma das hipóteses pertinentes à hipoteca legal é a que se vê da norma contida no art. 30 da lei civil vigente.

Por outro lado, temos sua extensão legislativa, pertinente à permissão do cancelamento da hipoteca legal dos bens do tutor e do curador, inscrita em conformidade com o inciso IV do art. 827 do Código Civil de 1916, a teor do art. 2.040 da vigente Lei Civil.

Ademais, cabe aqui ressaltar a hipótese de hipoteca judiciária, também chamada de hipoteca judicial, de que cogita a norma contida no art. 466 do Código de Processo Civil vigente. Acresce, ainda, consignar, seja no tocante às normas processuais atinentes à execução dos testamentos, seja no que concerne às disposições comuns à tutela e curatela, sua extensão legislativa, conforme se infere dos arts. 1.136 e 1.188 do Código de Processo Civil vigente, bem como todas as disposições atinentes à especialização da hipoteca legal, a teor dos arts. 1.205 a 1.210 do aludido diploma legal adjetivo.

Também encontramos sua extensão legislativa e inteira aplicabilidade no art. 7º, § 1º, da Lei 6.001/1973, denominada de Estatuto do Índio, e na norma contida no art. 37 da Lei 8.069/1990, o Estatuto da Criança e do Adolescente.

As hipóteses em que a lei civil confere a hipoteca legal, a teor dos incisos I a V, do art. 1.489, são:

> *"I. as pessoas de direito público interno (art. 41) sobre os imóveis pertencentes aos encarregados da cobrança, guarda ou administração dos respectivos fundos e rendas;"*

Nesse sentido, além de nos reportamos às pessoas de direito público interno, de que cogita a norma contida no art. 41 da lei civil vigente, relevante também é acentuar o disposto no art. 4º, § 2º, item 2, do Decreto-Lei 3.240/1941, atinente ao seqüestro de bens por crime contra a Fazenda Pública.

> *"II. aos filhos, sobre os imóveis do pai ou da mãe que passar a outras núpcias, antes de fazer o inventário do casal anterior;"*

Relevante é consignar sobre a disposição acima sua extensão legislativa, a teor do inciso I do art. 1.523 e da norma que se vê no art. 1.641.

> *"III. ao ofendido, ou aos seus herdeiros, sobre os imóveis do delinqüente, para satisfação do dano causado pelo delito e pagamento das despesas judiciais;"*

Nesse sentido, dentro dos atos ilícitos, cumpre ressaltar o disposto no art. 186, bem assim as disposições atinentes à responsabilidade civil, conforme norma contida nos arts. 927 a 954 do Código Civil vigente.

> *"IV. ao co-herdeiro, para garantia do seu quinhão ou torna da partilha, sobre o imóvel adjudicado ao herdeiro reponente;"*

Tal disposição nos remete ao disposto no art. 1.322, já aqui visto e comentado, bem como às normas pertinentes à indivisibilidade, a teor do art. 2.019, ambos da vigente lei civil.

> *"V. ao credor sobre o imóvel arrematado, para garantia do pagamento do restante do preço da arrematação".*

Essa disposição não tem qualquer correspondência legislativa anterior, valendo, entretanto, ressaltar sua extensão, por analogia, às disposições do art. 700 do Código de Processo Civil vigente.

A hipótese em que a sentença judicial vem conferir hipoteca judiciária se vê do disposto no art. 466 do Código de Processo Civil, constituindo-se tal garantia real de hipoteca como efeito decorrente de sentença condenatória, valendo a aplicabilidade dos incisos do parágrafo único do aludido artigo.

Tal constituição de hipoteca judiciária revela-se, na prática, muito pouco utilizada, lembrando que o credor, em razão desta, somente terá direito de seqüela, não lhe sendo assegurado o direito de preferência.

Em razão disso é que se procura, de preferência, constituir, mediante convenção, o direito real de garantia de hipoteca, até para que, se necessária a sua execução, se possa, na prática, obter melhor condição, material e processual, no resguardo de um direito.

A norma contida no art. 1.490, assegura que

> *"O credor da hipoteca legal, ou quem o represente, poderá, provando a insuficiência dos imóveis especializados, exigir do devedor que seja reforçado com outros".*

Tal princípio vem assegurar que se mantenha sempre segura a garantia em favor do credor por hipoteca legal, da mesma forma que já vimos tal imposição na defesa da garantia e inteira subsistência dos créditos em favor dos credores hipotecários, em geral.

> *"A hipoteca legal pode ser substituída por caução de títulos da dívida pública federal ou estadual, recebidos pelo valor de sua cotação mínima no ano corrente; ou por outra garantia, a critério do juiz, a requerimento do devedor",*

a teor da norma contida no art. 1.491.

Tal como o penhor, na esteira do art. 1.451, também podem ser objeto da hipoteca legal direitos, suscetíveis de cessão, sobre coisa móvel, que será representada por títulos, as cédulas hipotecárias.

Assim, a requerimento do devedor e a critério do juiz, a hipoteca conferida por lei poderá ser substituída pela caução em títulos da dívida pública, que vem substituir a garantia originária.

Do Registro da Hipoteca

A lei determina que o registro da hipoteca ocorrerá no Cartório do lugar do imóvel, ou no de cada um deles, se o título se referir a mais de um, a teor da regra contida no art. 1.492.

No mesmo local e da mesma forma com que se registra a propriedade imóvel, o gravame hipotecário também obedecerá à competência do local do bem imóvel, sendo registrado na circunscrição imobiliária a que pertença o imóvel hipotecado.

Para tanto, aparelhado está o Cartório do Registro de Imóveis a realizar o ato, na forma do inciso I, número 2, do art. 167 da Lei 6.015/1973, ressaltando-se, mais, que encontrando-se os imóveis em comarcas ou situações limítrofes, serão registradas as hipotecas em todas elas, à luz do art. 169, inciso II, do mesmo Diploma Legal em causa.

No que concerne ao registro das cédulas hipotecárias, vemos tal disciplina contida nos arts. 13 e 14 do Decreto-Lei 70/1966 e, no que tange ao registro da cédula de produto rural, no art. 12 da Lei 8.929/1994.

Quanto ao registro da hipoteca sobre as estradas de ferro, tal gravame será registrado na circunscrição do município da estação inicial da respectiva linha, conforme regra do art. 1.502, a ser mais adiante comentado.

No parágrafo único do art. 1.492, vemos disciplinado que

> *"Compete aos interessados, exibido o título, requerer o registro da hipoteca".*

Em tal regra, compreender-se-á o requerimento do credor, do devedor ou mesmo do terceiro a quem interessar tal registro.

Relevante é aqui consignar que, no ato do registro da hipoteca em favor de agente financeiro, resultante do ato de venda e compra, com assunção e/ou cessão de dívida hipotecária, o requerimento para registro do gravame acompanha o título de venda e compra, fazendo o registro, assim, simultâneo, da transmissão da propriedade e do registro da hipoteca, de sorte a assegurar, em favor do credor hipotecário do transmitente vendedor e ao adquirente devedor, de forma una, a aplicação do princípio da continuidade do registro, seja da propriedade transmitida, seja do ônus hipotecário.

A regra contida no art. 1.493, determina que

> *"Os registros e averbações* – pertinentes ao gravame hipotecário – *seguirão a ordem em que forem requeridas, verificando-se ela pela sua numeração sucessiva no protocolo"*

e, no seu parágrafo único, encontramos normatizado que

> *"O número de ordem determina a prioridade, e esta a preferência entre as hipotecas".*

Em razão da ordem no requerimento, comprovada pela numeração de protocolo de ingresso no Registro Imobiliário, resultará definida a prioridade no registro, de sorte a assegurar, em favor do credor hipotecário, na execução da coisa hipotecada, a preferência no pagamento, em seu favor, conforme se vê do art. 1.422, já visto e comentado anteriormente.

Ademais, referidas disposições têm sua correspondente aplicação legislativa objeto da norma atinente ao processo de registro imobiliário, conforme se vê do art. 186 da Lei 6.015/1973 (Lei de Registros Públicos).

Para cumprimento dos dispositivos legais em exame, temos observado o rigor adotado pelos Cartórios de Registro de Imóveis na emissão do protocolo de entrada dos referidos títulos, consignando, de forma clara e transparente, por identificação mecânica/eletrônica, data, hora e número de protocolo, observando rigorosamente, mercê de prévias senhas seqüenciais de ingresso, a ordem de entrada dos requerimentos.

Não obstante o rigor acima mencionado, o legislador, a teor da norma contida no art. 1.494, determina que

> *"Não se registrarão no mesmo dia duas hipotecas, ou uma hipoteca e outro direito real, sobre o mesmo imóvel, em favor de pessoas diversas, salvo se as escrituras, do mesmo dia, indicarem a hora em que foram lavradas".*

Nesse sentido, o legislador, ainda que mantendo o princípio da observância da eqüidade entre pessoas diferentes, por iguais gravames hipotecários, incidentes sobre mesmo imóvel, consolidou o que já vemos normatizado nos arts. 190 a 192 da Lei 6.015/1973 (Lei de Registros Públicos).

Assim, a despeito da observância rigorosa na ordem numérica de protocolo, para se consolidar a definição da prioridade no registro, de sorte a assegurar, em favor do credor hipotecário, na execução da coisa hipotecada, a preferência no pagamento, convém que os Cartórios em que forem realizadas ditas escrituras também consignem, além da data da escritura de constituição do gravame, a hora em que as mesmas foram lavradas.

Com a mesma razão de dar estrito cumprimento ao salutar princípio de eqüidade, na prática dos adequados atos de registro pertinentes a segundo gravame hipotecário, sem que o primeiro tenha sido registrado e com as mesmas deliberações objeto do art. 189 da Lei de Registros Públicos (Lei 6.015/1973), o legislador civil normatiza a regra contida no art. 1.495, em que se vê disciplinado que

> *"Quando se apresentar ao oficial do registro título de hipoteca que mencione a constituição de anterior, não registrada, sobrestará ele na inscrição da nova, depois de a prenotar, até trinta dias, aguardando que o interessado inscreva a precedente; esgotado o prazo, sem que se requeira a inscrição desta, a hipoteca ulterior será registrada e obterá preferência".*

O art. 1.496 estabelece que

> *"Se tiver dúvida sobre a legalidade do registro requerido, o oficial fará, ainda assim, a prenotação do pedido. Se a dúvida, dentro em noventa dias, for julgada improcedente, o registro efetuar-se-á com o mesmo número que teria na data da prenotação; no caso contrário, cancelada esta, receberá o registro o número correspondente à data em que se tornar a requerer".*

Para a perfeita compreensão da norma legal sob comentário, temos que ressaltar, em primeiro lugar, que para a consolidação do atos de registro previstos na Lei de Registros Públicos, seja da propriedade imóvel, seja dos demais direitos reais, bem assim como de todos os direitos reais de garantia, em destaque aqui a hipoteca, poderá haver necessidade de prévio cumprimento pela parte interessada de exigências solicitadas expressamente pelo oficial do Cartório, de tal sorte que, se não cumpridas pelo interessado, gerarão dúvida sobre a legalidade do registro requerido.

Ainda assim, prenotar-se-á o requerimento, que terá validade por trinta dias, podendo ser renovado, preferindo-se a qualquer outra seguinte prenotação, solicitando-se, por escrito, o cumprimento das exigências.

Para que se estabeleça e se dê regular processamento ao procedimento de dúvida, cumpre aqui ressaltar a inteira observância às normas disciplinadas dos arts. 198 a 207 da Lei dos Registros Públicos.

Tal procedimento de dúvida será instaurado e terá seu processamento e julgamento, na Capital de São Paulo, perante a Vara dos Registros Públicos competente. Nos termos do referido art. 1.496, deve ser cumprida pelo oficial de Registro, a decisão que vier a ser proferida no procedimento de dúvida. Se improcedente, o registro efetivar-se-á com o mesmo número que teria na data da prenotação; se procedente, cancelada será a prenotação, donde receberá o registro o número correspondente à data em que se tornar a requerer.

Também

> *"As hipotecas legais, de qualquer natureza, deverão ser registradas e especializadas,"*

consoante se vê da norma contida no art. 1.497.

Para a consolidação do ato de registro, prevalecerão também as mesmas formas e condições e o mesmo local que definem a competência para seu registro, nos termos dos arts. 1.492 a 1.496, já vistos e comentados.

Já no que concerne à titularidade para requerer o registro e a especialização das hipotecas legais, está disciplinada na norma contida em seu § 1º.

Assim, de rigor, deve se incumbir de tal registro e da especialização das hipotecas legais, quem estiver obrigado a prestar a garantia.

Entretanto, todos os interessados a quem a lei confere a hipoteca, elencados nos incisos I a V do art. 1.489, já vistos e comentados, podem promover sua inscrição ou solicitar que se faça por intermédio do Ministério Público.

No que concerne ao § 2º do art. 1.497, vemos relevante disposição legal no sentido de determinar que

> *"As pessoas, às quais incumbir o registro e a especialização das hipotecas legais, estão sujeitas a perdas e danos pela omissão".*

Assim, cumpre ressaltar que, nas perdas e danos, aplicar-se-ão todas as disposições objeto dos arts. 402 a 405 do Código Civil vigente.

Nesse sentido, também a experiência tem mostrado que se houver a perda da condição do privilégio e da preferência no recebimento do crédito, decorrentes do gravame não registrado por omissão, ensejando perdas ao credor hipotecário, tal prejuízo deve ser reparado, compreendendo as perdas e danos e os lucros cessantes.

Em tais desconfortáveis situações de ter que vir a reparar os prejuízos poderão estar o agente público competente, os pais ou os filhos, o inventariante do Espólio, ou mesmo qualquer herdeiro, o síndico da massa falida, os administradores públicos ou privados e todas as demais pessoas a quem se incumbe assegurar e garantir, com o registro e a especialização das hipotecas legais, a aplicabilidade das preferências e dos privilégios legais.

Como já vimos ao comentar o art. 1.485, a hipoteca convencional perde a eficácia após o decurso do prazo de vinte anos, sem qualquer interrupção ou suspensão, pelo que, inobstante venha a dívida a se prolongar por mais prazo, o gravame não subsistirá.

Por adequada derivação da norma supracitada, o legislador civil disciplina, no art. 1.498, que

> *"Vale o registro da hipoteca, enquanto a obrigação perdurar; mas a especialização, em completando vinte anos, deve ser renovada",*

prazo que começa a correr da data do registro da hipoteca.

Assim, para continuar tendo eficácia o gravame hipotecário, imperiosa será a renovação do título constitutivo da hipoteca.

Da Extinção da Hipoteca

Ex vi do art. 1.499, e a teor dos incisos I a VI, extingue-se a hipoteca:

"I. pela extinção da obrigação principal;"

Com efeito, o desaparecimento da obrigação principal acarretará a extinção da garantia acessória.

Nesse sentido, resulta claro que, paga a dívida objeto da obrigação principal, extingue-se o acessório direito real de garantia.

No tocante à novação, que extingue a obrigação, fazendo surgir outra, deve ser ressalvada a existência da garantia real e expressamente consignada a sua permanência, como garantia acessória da nova obrigação.

Por extensão, se prescrita a dívida, desaparecerá a hipoteca, mesmo porque a garantia acessória não sobrevive sem a existência da obrigação principal. "A ação real sucumbe com o extermínio da ação pessoal", no lecionar de Washington de Barros Monteiro.[48]

"II. pelo perecimento da coisa;"

De início, relevante é aqui destacar, a teor do inciso IV do art. 1.275, já visto e comentado, que se perde a propriedade, com o perecimento da coisa. Assim, o perecimento, a destruição da coisa, deixa a hipoteca sem objeto, tornando-se impossível a sua execução.

Cabe aqui destacar, recorrendo às hipóteses de vencimento antecipado da dívida, o disposto no § 2º do art. 1.425, já visto e comentado, que tem inteira aplicabilidade aos casos de perecimento da coisa, sem que tenha sido substituída por outra (inciso IV do art. 1.425), e de desapropriação do bem dado em garantia (inciso V do art. 1.425).

---

[48] MONTEIRO, Washington de Barros. *Op. cit.* p. 401.

"III. pela resolução da propriedade;"

A resolução do domínio, pelo advento do termo ajustado ou pelo implemento da condição, também acarreta a extinção do direito real de garantia em causa.

Com efeito, aplicam-se aqui, para fins de reconhecimento da extinção do direito real de garantia em questão, as disposições atinentes à propriedade resolúvel, objeto dos arts. 1.359 e 1.360.

"IV. pela renúncia do credor;"

Para que se opere por esse modo a extinção do direito real de garantia, deverá haver, de forma expressa e indiscutível, a manifestação de vontade do credor em renunciar a tal garantia.

Como ato unilateral de vontade, na expressa renúncia não se imporá a presença e tampouco a manifestação de concordância do devedor.

Entretanto, a presença conjunta do credor e do devedor, firmando documento onde se vê requerido, por ambos, o cancelamento da hipoteca, pode ser considerada como manifestação de renúncia tácita do credor.

O requerimento unilateral do credor, endereçado ao devedor, para que este, em seu nome, proceda a todos os atos de liberação do ônus hipotecário ainda pendente, também assim é considerado.

"V. pela remição;"

É a presença da regra disposta no § 2º do art. 1.481, já visto e comentando, onde se constata que esta causa extintiva não corresponde à remição da dívida, mas, sim, ao resgate do bem hipotecado, seja pelo devedor, seja pelo credor ou pelo terceiro adquirente do imóvel objeto do gravame existente. Assim, com tal resgate, o imóvel ficará livre da hipoteca, ocorrendo, destarte, a causa extintiva do ônus real em causa.

"VI. pela arrematação ou adjudicação".

Tais causas extintivas do direito real de garantia merecem maiores considerações, também porque guardam inteira aplicabilidade, no âmbito do processo civil, com diversas disposições da lei adjetiva.

Em primeiro lugar, deve ficar claro que o ato judicial de arrematação, em leilão, por quem der maior lance, ou mesmo o ato de adjudicação, requerido pelo próprio credor da execução, por terceiros e pelo próprio credor hipotecário, na esteira dos dispositivos procedimentais objeto dos arts. 686 a 707 e 714 e 715 do Código de Processo Civil vigente, encerrando a execução da hipoteca, extingue o direito real de garantia em questão, mesmo que o produto da arrematação seja inferior ao crédito, podendo o credor continuar a executar o saldo como credor quirografário, não mais como credor hipotecário.

Por outro lado, também imperioso é considerar que tal arrematação, bem como a referida adjudicação, poderá decorrer de procedimento de execução por parte de credor quirografário.

Nesta hipótese, considerar-se-á também extinta a hipoteca se o credor hipotecário for previamente intimado da hasta pública, permanecendo silente.

É obrigatória tal intimação, sob pena de, em assim não ocorrendo, não se extinguir a hipoteca, nos termos da norma contida no art. 1.501, podendo, assim, o credor hipotecário anular tal ato de arrematação ou continuar conservando, perante o adquirente do imóvel gravado, via arrematação, o direito real de garantia em questão.

Já o art. 1.500 contempla que

> *"Extingue-se ainda a hipoteca com a averbação, no Registro de Imóveis, do cancelamento do registro, à vista da respectiva prova".*

Não obstante a formal redundância, o legislador procurou deixar expressa tal condição extintiva por disposição em articulado à parte.

Cabe aqui consignar que a prova a embasar tal pedido de cancelamento do registro da hipoteca poderá se fazer representar por escritura pública ou por escrito particular, nos termos do inciso I do art. 251 da Lei 6.015/1973, com a conjunta presença do credor e do devedor, e em que se vê requerido, por ambos, o cancelamento do registro da hipoteca – efeito de renúncia tácita do próprio credor –, o requerimento unilateral do próprio credor – efeito de renúncia expressa –, como também nos documentos a que se refere expressamente os demais incisos II e III do mesmo art. 251 do aludido Diploma Legal, o requerimento de qualquer interessado, hábil a permitir que se proceda a todos os atos de liberação do ônus hipotecário.

Com relevante correspondência legislativa e de inteira aplicabilidade, temos as normas pertinentes às liberações dos ônus hipotecários, mercê das devidas averbações e cancelamentos nos registros das hipotecas, de sorte a extinguí-las, quando os ônus hipotecários incidirem sobre bens imóveis objeto de loteamento de terrenos para pagamento em prestações, regulados por lei especial, o Decreto-Lei 58, de 10 de dezembro de 1937, regulamentado pelo Decreto 3.079, de 15 de setembro de 1938.

Com efeito, devem ser observados: o § 4º, do art. 1º ; a letra *c*, do § 1º do art. 16 e o § 5º, do mesmo art. 16, todos do Decreto 3.079/1938, que regulamentou o Decreto-Lei 58/1937.

Da mesma forma que anteriormente já vimos e comentamos, relativamente às hipóteses de extinção da hipoteca contempladas no inciso VI do art. 1.499, o legislador normatiza no art. 1.501, que

> *"Não extinguirá a hipoteca, devidamente registrada, a arrematação ou adjudicação, sem que tenham sido notificados judicialmente os respectivos credores hipotecários, que não forem de qualquer modo partes na execução".*

A execução a que se refere a presente norma será por título extrajudicial – inciso III do art. 585 do Código de Processo Civil.

A obrigação da notificação dos credores hipotecários é do credor da execução, na forma do inciso II do art. 615 do Código de Processo Civil, sob pena de se tornar ineficaz a alienação do bem gravado por hipoteca, a teor do disposto no art. 619 do mesmo Código.

A norma pertinente à forma da obrigatória intimação dos credores hipotecários está contida no art. 698 do Código de Processo Civil, sob pena de, não sendo observada, se impedir a realização da hasta pública. Poderão ser admitidos, a teor do art. 1.047 do Código de Processo Civil, embargos de terceiro por parte do credor hipotecário, consoante se vê de seu inciso II, podendo obstar a alienação judicial do bem objeto do direito real de garantia de hipoteca.

A disciplina legal obrigando tal notificação do credor hipotecário, no procedimento falimentar, vem consagrada no art. 119 do Decreto-Lei 7.661, de 21 de junho de 1945 (Lei de Falências).

No tocante à execução de cédula hipotecária, imperioso é observar as disposições do Decreto-Lei 70/1966, notadamente seus arts. 29 a 41.

Da Hipoteca de Vias Férreas

A norma contida no inciso IV do art. 1.473, segundo a qual se pode constituir hipoteca sobre as estradas de ferro, compreendendo todo o complexo que integra o sistema ferroviário, tais como maquinários, locomotivas e seus demais vagões, de passageiro ou de carga, linhas, ramais, trilhos e estações, vem ser complementada, no tocante à competência para o registro de tal direito real de garantia, pela disposição do art. 1.502, que normatiza que as hipotecas sobre as estradas de ferro serão registradas no Município da estação inicial da respectiva linha.

Assim, será competente para o registro do direito real de garantia de hipoteca sobre vias férreas, com exclusividade, o Cartório do Registro de Imóveis do Município a que pertencer a estação ferroviária e que corresponda à cidade em que se inicia a respectiva linha.

No que tange ao registro de alienações de estradas de ferro, tal ato se fará em conformidade com o art. 1º, do Decreto-Lei 3.109, de 13 de março de 1941.

Da mesma forma e com idênticas redações dos arts. 853 e 854 do Código Civil de 1916, vem o legislador civil atual repeti-las nos arts. 1.503 e 1.504.

Assim, no art. 1.503,

> *"Os credores hipotecários não podem embaraçar a exploração da linha, nem contrariar as modificações, que a administração deliberar, no leito da estrada, em suas dependências, ou no seu material".*

E, como se vê no art. 1.504,

> *"A hipoteca será circunscrita à linha ou às linhas especificadas na escritura e ao respectivo material de exploração, no estado em que ao tempo da execução estiverem; mas os credores hipotecários poderão opor-se à venda da estrada, à de suas linhas, de seus ramais ou de parte considerável do material de exploração; bem como à fusão com outra empresa, sempre que com isso a garantia do débito enfraquecer".*

Nesse sentido, a regra geral do art. 1.503, continua comum a todos os credores hipotecários, e, no lecionar do saudoso Prof. Washington de Barros Monteiro[49] ociosa se tornaria tal regra se não ocorresse a limitação parcial contida na segunda parte do antigo art. 854, a mesma limitação que se expressa na segunda parte do atual art. 1.504.

Em razão do direito de seqüela e da preferência que se vislumbra em favor do credor hipotecário, que consagra a efetiva segurança do crédito constituído pelo direito real de garantia em questão, os credores por direitos reais de garantia de hipoteca não podem se opor à alienação do bem gravado.

Tal permissibilidade, na hipoteca de vias férreas, é única exceção à absoluta regra geral, assegurando-se, nesse caso, aos credores hipotecários impugnar os atos de alienação, inclusive os de fusão com outra empresa.

Por outro lado, a despeito da hipoteca de linhas férreas compreender todo o complexo que integra o sistema ferroviário, a hipoteca somente será circunscrita à linha ou às linhas especificadas na escritura

[49] MONTEIRO, Washington de Barros. *Op. cit.* p. 389.

de constituição e ao respectivo material de exploração, tais como maquinários, locomotivas e seus demais vagões, de passageiro ou de carga, trilhos, ramais e estações.

Conforme se vê de taxativa e incisiva norma objeto do art. 1.505, na execução das hipotecas sobre linhas férreas,

> *"será intimado o representante da União ou do Estado, para, dentro em quinze dias, remir a estrada de ferro hipotecada, pagando o preço da arrematação ou da adjudicação",*

com inteira correspondência legislativa anterior, que deriva do art. 855 do antigo Código Civil.

No tocante à disposição legal que se vê do art. 699 do Código de Processo Civil vigente, vemos sua reprodução no art. 1.505, com a velha redação que lhe emprestara o art. 855 do Código Civil de 1916, donde poderá desfazer-se tal arrematação, conforme se deflui do inciso IV, do parágrafo único, do art. 694 do mesmo diploma legal adjetivo.

Assim, nula será a arrematação sem a prévia intimação do representante da União ou do Estado, na forma e condições da norma contida no mencionado art. 1.505.

Da Anticrese

Este direito real de garantia, considerado por Julien Bonnecase,[50] citado por Baudry-Lacantierie, como uma espécie de parente pobre entre os direitos reais, instituto de pouco uso em nosso direito, conceitua-se como a entrega de coisa frugífera ao credor, que fica autorizado a retê-la consigo e a auferir-lhe os frutos, enquanto não resgatada a dívida.

Na evolução das teorias doutrinárias sobre tal direito, vemos notável jurista, como o Prof. Orlando Gomes, propondo, na fase de

---

[50] BONNECASE, Julien. *Suplement au traité théorique et pratique de droit civil.* 3. ed. Paris: Sirey, 1928.

anteprojeto ao novo Código Civil, a supressão de tal direito real, o que acabou não acontecendo com o anteprojeto do não menos ilustre Prof. Migue Reale, que o manteve na lei civil vigente.

Em nossa legislação civil, integram a anticrese os direitos reais de garantia, assim expressamente considerados a teor do inciso X do art. 1.225, já visto e comentado.

Para melhor oferecer decisivos ensinamentos sobre tal aludida conceituação, consoante as lições técnicas de Caio Mário da Silva Pereira,[51] anticrese é o direito real sobre coisa imóvel, pelo qual o devedor transfere a sua posse ao credor para que este perceba e retenha os seus frutos, imputando-os no pagamento da dívida.

Assim, no presente direito real de garantia, temos, como pressupostos básicos, o crédito em favor de quem se constitui a anticrese e a tradição, a entrega do imóvel, do devedor ao credor, ou a terceiro por ele, para que haja fruição. Permanece o imóvel anticrético com o credor, até que se lhe complete o pagamento da obrigação.

A norma contida no art. 1.506, assim consagra a anticrese, estabelecendo que

> *"Pode o devedor ou outrem por ele, com a entrega do imóvel ao credor, ceder-lhe o direito de perceber, em compensação da dívida, os frutos e rendimentos".*

Nesse sentido, a efetiva entrega, a concreta transferência física imediata do bem imóvel objeto da anticrese pelo devedor ao credor é imperativa para a existência de tal direito real de garantia.

Esse direito vincula o bem imóvel objeto da garantia, sujeitando-o ao cumprimento da obrigação, valendo a aplicabilidade de todas as gerais disposições ao mesmo cabente e objeto dos arts. 1.419 a 1.430, já vistas e comentadas, além da condição de que, como obrigação acessória, teremos a anticrese extinta com o inteiro pagamento objeto da obrigação principal, desaparecendo, assim, o direito real de garantia constituído.

---

[51] PEREIRA, Caio Mário da Silva. *Op. cit.* p. 429.

Considera-se nesta forma de garantia, que será o credor, com seu esforço e trabalho próprios, quem deverá colher os frutos e auferir os rendimentos da coisa, para que se abatam de seu crédito junto ao devedor anticrético.

Tal circunstância gera inconvenientes que acabam determinando pouco uso de tal direito real de garantia em nossos negócios. Ressalta o mestre Washington de Barros Monteiro[52] que, em razão desses inconvenientes, é notória a geral preferência pela hipoteca, direito de garantia muito mais eficiente e adequado à circulação dos bens.

Assim, o credor anticrético administrará a coisa alheia, devendo prestar contas ao devedor e demonstrando, de forma cabal, se os frutos e rendimentos do imóvel foram bem revertidos, de sorte a abatê-los da dívida objeto da obrigação garantida, mormente quando sabemos que tais frutos e rendimentos estão sob sua exclusiva retenção e percepção.

O ato constitutivo desse direito real de garantia deve ser registrado no Cartório do Registro de Imóveis, aparelhado que está a tal ato, na forma do inciso I, item 11, do art. 167 da Lei 6.015/1973 (Lei de Registros Públicos).

Ademais, também vemos sua extensão legislativa na anulação dos negócios fraudulentos em que se objetiva a atribuição de direitos preferenciais, à luz do art. 165 e seu parágrafo único, e também nos casos de extinção da novação em que não se aproveitam ditas garantias sobre bens dados por terceiro não presentes ao ato de novação, conforme se vê do art. 364.

No § 1º do art. 1.506, a norma permite estipular que os frutos e rendimentos do imóvel sejam percebidos pelo credor à conta de juros, mas, se o seu valor ultrapassar a taxa máxima permitida em lei para as operações financeiras, o remanescente será imputado ao capital.

No que tange ao § 2º, não obstante a redundância em seu texto – eis que não temos anticrese sobre bens móveis –, vemos que

---

[52] MONTEIRO, Washington de Barros. *Op. cit.* p. 360.

> *"Quando a anticrese recair sobre bem imóvel, este poderá ser hipotecado pelo devedor ao credor anticrético, ou a terceiros, assim como o imóvel hipotecado poderá ser dado em anticrese".*

Como não há qualquer incompatibilidade jurídica na constituição recíproca entre os direitos reais de garantia, é de grande acerto tal disposição.

Ademais, o direito mais expressivo dentre os direitos reais de garantia, ou seja a hipoteca, pode ser constituído pelo devedor ao credor anticrético, ou mesmo a terceiros, sendo que, no primeiro caso, permite mais segurança no recebimento da dívida, assim como um imóvel hipotecado poderá ser dado em anticrese, sem que, com isso, afete a constituição desta.

Como já vimos, o credor anticrético é o exclusivo gestor dos frutos e rendimentos dos bens dados em anticrese.

A teor da norma contida no art. 1.507, com correspondência legislativa parcial em relação ao art. 806 do Código Civil de 1916,

> *"O credor anticrético pode administrar os bens dados em anticrese e fruir seus frutos e utilidades, mas deverá apresentar anualmente balanço, exato e fiel, de sua administração",*

mormente quando sabemos que tais frutos e rendimentos estarão sob sua exclusiva retenção e percepção.

Em seu § 1º, vemos que

> *"Se o devedor anticrético não concordar com o que se contém no balanço, por ser inexato, ou ruinosa a administração, poderá impugná-lo, e, se o quiser, requerer a transformação em arrendamento, fixando o juiz o valor mensal do aluguel, o qual poderá ser corrigido anualmente",*

disposição esta sem qualquer correspondência legislativa anterior.

Pelo que se infere de seu § 2º, temos norma disciplinando que

> *"O credor anticrético pode, salvo pacto em sentido contrário, arrendar os bens dados em anticrese a terceiro, mantendo, até ser pago, direito de retenção do imóvel, embora o aluguel desse arrendamento não seja vinculativo para o devedor".*

Tal disposição legal tem inteira correspondência legislativa anterior, a teor do art. 806 do Código Civil de 1916.

Com a mesma preocupação de definir responsabilidades do credor anticrético, que vemos no art. 807 do velho Código Civil de 1916, o legislador civil atual consagra que responderá o credor anticrético pelas

> *"deteriorações que, por culpa sua, o imóvel vier a sofrer e pelos frutos e rendimentos que, por sua negligência, deixar de perceber",*

conforme se vê da norma contida no art. 1.508 do vigente Diploma Legal Civil.

No que concerne às disposições objeto do art. 1.509, vemos que

> *"O credor anticrético pode vindicar os seus direitos contra o adquirente dos bens, os credores quirografários e os hipotecários posteriores ao registro da anticrese".*

Tal disposição guarda inteira correspondência legislativa com o art. 808 do Código Civil de 1916, valendo aqui ressaltar, no que concerne à classificação dos créditos e dos pagamentos a credores na falência, as disposições constantes do inciso I do art. 102 e do § 1º do art. 125, do Decreto-Lei 7.661, de 21 de junho de 1945 (Lei de Falências).

O § 1º, estabelece que

> *"Se executar os bens por falta de pagamento da dívida, ou permitir que outro credor o execute, sem opor o seu direito de retenção ao exeqüente, não terá preferência sobre o preço".*

Já no que concerne ao disposto em seu § 2º,

> *"O credor anticrético não terá preferência sobre a indenização do seguro, quando o prédio seja destruído, nem, se forem desapropriados os bens, com relação à desapropriação".*

Tal disposição nos remete à norma contida no § 1º, do art. 1.425 da lei civil vigente, vista e comentada.

Não há qualquer correspondência legislativa anterior, à inédita norma contida no art. 1.510, relativamente à permissibilidade da remição dos bens dados em anticrese.

Com efeito, o adquirente dos bens dados em anticrese poderá remi-los, antes do vencimento da dívida, pagando a sua totalidade à data do pedido de remição e imitir-se-á, se for o caso, na sua posse, disposição que não tem qualquer correspondência legislativa anterior.

Entretanto, referida disposição, ainda que por correlata extensão e aplicabilidade, inerente ao direito que o credor anticrético tem de reter a coisa, antes de vencida a obrigação, guarda perfeita sintonia com a disposição da norma contida no art. 1.423 da lei civil vigente.

12

Conclusão

Ao término da presente obra, imperioso se faz um breve e conciso comentário conclusivo.

Em primeiro lugar, dirijo-me aos estudantes de Direito, aos professores de Direito, a todas as pessoas que integram a carreira profissional do Direito e aos seus operadores, lembrando-lhes que os presentes comentários têm como principal escopo contribuir no aperfeiçoamento do estudo do mais amplo instrumento legal do Direito Privado, ressaltando que a presente obra, por se revestir de cunho altamente técnico, procura dar ênfase a cada uma das novas disposições legais vigentes e se destina a contribuir com o conhecimento sobre o novo Código Civil brasileiro, particularmente em seu Livro III – Do Direito das Coisas.

Em segundo lugar, volto minhas preocupações a todos os manejadores do Direito e aos demais leitores, salientando que procurei permear esta obra com toda a gama de anotações doutrinárias e de alcance jurisprudencial, de forma a detalhar e comentar todos os artigos pertinentes às novas normas civis vigentes, cotizando-as com as leis especiais.

Assim, caminhando por todo o universo da posse, dos direitos reais da propriedade imóvel e móvel, com toda a sorte de suas legais variantes, passando por todas as formas de aquisição e perda de todos os direitos reais, orientando-me pelo respeito aos direitos de vizinhança, à aquisição da propriedade móvel e imóvel, norteando o rumo pelo condomínio, voluntário e edilício, servindo-me das alternativas da propriedade resolúvel e da propriedade fiduciária, do inédito direito real de superfície, ultrapassando os atalhos das servidões, do usufruto, do uso e da habitação, permeando com os novos caminhos da inédita incorporação do direito real de promitente comprador, chegando aos direitos reais de garantia do penhor, da hipoteca e da anticrese, tenho a segurança de efetivamente contribuir para o real conhecimento do mundo das coisas, que só tem sentido jurídico-social se pudermos levar, nesse caminhar de conhecimentos, com a mesma consideração do saber, seu alcance às pessoas, sem as quais as coisas não se prestam.

Bibliografia

ARRUDA, Alvim. *Curso de direito processual civil.* São Paulo: Revista dos Tribunais, 1971. v. 1.

ALCKMIN, José Geraldo Rodrigues de. *Repertório de jurisprudência do Código Civil* – Direito das coisas. 2. ed. São Paulo: Max Limonad, 1954. n. 15.

BARBOSA, Diana Coelho. *Direito de superfície* – À luz do estatuto da cidade. São Paulo: Juruá, 2001.

BAUDRY-LACANTINERIE. Gabriel. *Traité théorique et pratique de droit civil.* 3. ed. Paris: Librairie du Recueil Sirey et du Journal du Palais, 1905-1909. 13 v. supl. 5.

BENETTINI, Giorgio. *Compendio di diritto civile.* 2. ed. Milano: Fratelli Bocca, 1942. v. 6.

BEVILÁQUA, Clóvis. *Código Civil.* 11. ed. Rio de Janeiro: Francisco Alves, 1956. v. 3.

BEVILÁQUA, Clóvis. *Direito das coisas*. 5. ed. Rio de Janeiro: Freitas Bastos, 1946.

BONNECASE, Julien. *Suplement au traité théorique et pratique de droit civil*. 3. ed. Paris: Sirey, 1928.

BOMBARDELLA, Giulio Pasetti. *Superficie (diritto privato)*. Enciclopedia Del Diritto. Milano: Giuffrè, 1990. XLIII v.

BONFANTE, Pietro. La proprietá. In: *Corso di diritto romano*. Roma: Sampaolesi. 1925.

CAHALI, Yussef Said. *Posse e propriedade, doutrina e jurisprudência*. São Paulo: Revista dos Tribunais, 1993.

CARNELUTTI, Francesco. *Revista de direito processual civil (sistema de diritto processuale civile)*. 4. ed. Padova: A. Milano, 1936.

CESAR, José Augusto. *Ensaio sobre atos jurídicos*. 5. ed. Campinas: Genoud, 1913.

PAULA, Alexandre de. *Código de Processo Civil anotado*. 3. ed. São Paulo: Revista dos Tribunais, 1986.

DE PLÁCIDO E SILVA. *Vocabulário jurídico*. 3. ed. Rio de Janeiro: Forense, 1973.

DINIZ, Almáchio. *Direito das coisas*. São Paulo: Francisco Alves, 1923.

FRAGA, Afonso. *Direito reais de garantia* – Penhor, anthicrese e hypoteca. 2. ed. São Paulo: Saraiva, 1933.

FULGÊNCIO, Tito. *Da posse e das ações possessórias*. 5. ed. Rio de Janeiro: Forense, 1978.

GOMES, Orlando. *Anteprojeto de reforma do Código Civil*. Arquivo Judiciário, 94/17 (supl.) e 111/331 78.

______. *Direitos reais*. 13. ed. Rio de Janeiro: Forense, 1998.

______. *Introdução ao direito civil*. 17. ed. Rio de Janeiro: Forense, 2000.

GONÇALVES, Aderbal da Cunha. *Da propriedade resolúvel*. São Paulo: Revista dos Tribunais, 1979.

GOUVEIA, José Roberto Ferreira. *Código Civil e legislação civil em vigor*. 22. ed. São Paulo: Saraiva, 2003.

IHERING, Rudolf. *Du role de la volonté dans la possession (3 estudios jurídicos: Del interes en los contratos, la posesion, la lucha por el derecho)*, Buenos Aires: Atalaya, 1947.

________. *Posse, efetivação, teoria de Ihering – aplicação.* Adcoas, 8160166.

KUGELMANS, Alfredo Luiz. *Código Civil nos tribunais.* São Paulo: Jurídica Brasileira, 1993.

LIMA, Getúlio Targino. Constituto possessório e transferência da posse. *Revista de direito civil.* n. 4.

LOPES, Miguel Maria de Serpa. *Curso de direito civil.* 2. ed. Rio de Janeiro: Freitas Bastos, 1960.

MAGALHÃES, A. de Assis Teixeira de. *Águas.* Coimbra: Livraria Central de José Diogo Pires, 1876.

MEIRELLES, Hely Lopes. *Direito de construir*. 2. ed. São Paulo: Revista dos Tribunais, 1965.

MENDONÇA, Manoel Ignacio Carvalho de. *Do conceito jurídico dos direitos reais.* [S.l: s.n., 19--].

________. *Do usufructo, do uso e da habitação no Código Civil brazileiro.* 2. ed. Rio de Janeiro: Conselheiro Cândido de Oliveira, 1922.

MIRANDA, Darcy de Arruda. *Código Civil nos tribunais.* São Paulo: Jurídica Brasileira, 1993.

MIRANDA, Francisco Cavalcanti Pontes de. *Comentários ao Código de Processo Civil.* 2. ed. Rio de Janeiro: Forense, 1977.

________. *Tratado de direito predial.* 2. ed. Rio de Janeiro: José Konfino, 1953.

MIRANDA JÚNIOR, Darcy de Arruda. *Código Civil nos tribunais.* São Paulo: Jurídica Brasileira, 1993.

MONTEIRO, Washington de Barros. *Curso de direito civil* – Direito das coisas. 12. ed. São Paulo: Saraiva, 1973.

NEGRÃO, Theotonio. *Código Civil e legislação civil em vigor*. 22. ed. São Paulo: Saraiva, 2003.

NERY JÚNIOR, Nelson; NERY, Rosa Maria de Andrade. *Novo Código Civil e legislação extravagante*. São Paulo: Saraiva, 2000.

NETO, Soriano. *Publicidade material do registro imobiliário*. Recife: Gráfica da Tribuna, 1940.

PACIFICI-MAZZONI, Emídio. *Il códice civile italiano commentato*. Torino: Ute, 1927.

PAIVA, Alfredo de Almeida. *O direito de retenção do empreiteiro construtor*. Revista Forense.

PEREIRA, Caio Mário da Silva. *Instituições de direito civil*. 4. ed. Rio de Janeiro: Forense, 1980.

PEREIRA, Lafayette Rodrigues. *Direito das coisas*. 3. ed. Rio de Janeiro: Freitas Bastos, 1956.

REALE, Miguel. *Visão geral do projeto de Código civil*. São Paulo: Revista dos Tribunais, 1998.

ROCHA, Clóvis Paulo da. *Das construções na teoria geral da acessão*. Rio de Janeiro: Jornal do Commercio, 1943.

RUGGIERO, Roberto de. *Instituições de direito civil*. 3. ed. São Paulo: Saraiva, 1971.

SANTOS. José Maria de Carvalho. *Código civil brasileiro interpretado*. 11. ed. Rio de Janeiro: Freitas Bastos, 1961.

TORRENTE, Andréa. *Manuale di diritto privato*. 9. ed. Milano: Giuffrè, 1975.

WALD, Arnoldo. *Curso de direito civil brasileiro* – Direito das coisas. 2. ed. São Paulo: Sugestões Literárias, 1970.

Índice Remissivo